하마터면
환율도 모르고
해외여행 갈 뻔 했다!

하마터면
환율도 모르고
해외여행 갈 뻔 했다!

초판 1쇄 인쇄 2018년 12월 20일
초판 1쇄 발행 2018년 12월 31일

지은이 박연수
펴낸이 우세웅
기획총괄 우민
기획편집 이지현
기획마케팅 정우진
북디자인 신은경

펴낸곳 슬로디미디어그룹
신고번호 제25100-2017-000035호
신고년월일 2017년 6월 13일
주소 서울특별시 마포구 월드컵북로 400
서울산업진흥원(문화콘텐츠센터)5층 2호
전화 02)493-7780
팩스 0303)3442-7780
전자우편 wsw2525@gmail.com (원고 투고)
홈페이지 http://slodymedia.modoo.at
블로그 http://slodymedia.xyz
페이스북·인스타그램 slodymedia

ISBN 979-11-88977-18-5 13320

이 도서의 국립중앙도서관 출판예정도서목록(CIP)은 서지정보유통지원시스템 홈페이지(http://seoji.nl.go.kr)와 국가자료공동목록시스템(http://www.nl.go.kr/kolisnet)에서 이용하실 수 있습니다.
(CIP제어번호 : CIP2018039836)

하마터면

— 금융 초보자도 환율과 금리를 알면 돈의 흐름이 보이는 —

환율도 모르고
해외여행 갈 뻔 했다!

박연수 지음

슬로디미디어

contents

PROLOGUE 006

① 미·중 간의 무역전쟁,
요동치는 한국경제

당신 지갑의 무게를 결정하는 환율과 금리의 변동 017
미·중 간의 무역전쟁에서 미국이 노리는 것은 022
왜 미국의 양적완화정책은 비난받는가 030
미·중 간의 무역전쟁이 한국경제에 미치는 영향 037
미국의 환율조작국 지정을 보는 또 다른 시각 040
미국의 양적완화정책에 따라 흔들리는 원/달러 환율 043
한국은행의 금리정책과 부동산 투자 048
미국의 금리 인상이 부동산시장에 미치는 영향에 대해서 052
2019년 환율과 금리 전망 055
시장금리의 이해와 회사채 투자 058
당신의 노후를 잡아먹는 민간연금과 펀드 065
환율과 금리의 변동을 이용한 지혜로운 생활 재테크 069
금리, 달러, 유가 삼중고의 시대가 오고 있다 073
검은 목요일의 주가 폭락, 어떻게 대응할 것인가 075

② 환율과 금리의 변동과
위기 대응 시나리오

2018년의 투자공간에서 환율의 변동을 복기해 본다 085
돈이 마법을 부린다 : 금융위기의 본색 093
문재인 정부의 소득주도정책과 환율의 미래 099
선진국의 양적완화정책과 환율의 미래 107
원화 약세의 시대가 다가오고 있다 115
환율 변동에 웃고 우는 당신의 지갑 119
국가도 마이너스 대출 통장이 필요해 124
만성 적자국 미국의 달러 기축통화 시대는 끝나가는가 129

③ 초보자가 알아야 할 환율의 모든 것

환율이 떨어지면 금리는 오른다? 139

환율이 부동산시장에 미치는 영향 143

환율의 변동과 재테크 전략 148

환위험을 환헤지 하라 157

환율 파생 상품 키코 참사 159

환율 변동에 따른 수혜업종 따라잡기 163

기업의 경쟁력을 결정하는 환율 167

환위험을 관리하는 통화스왑 170

쉽게 이해하는 선물 환율 173

변동환율제도와 고정환율제도 175

빅맥 지수로 알아보는 평가절상과 평가절하 179

환율과 금리 그리고 통화량 182

기축통화제도의 명과 암 187

환율전쟁 시대를 어떻게 이해할 것인가 190

④ 당신의 통장을 춤추게 만드는 환율과 금리의 변동

금리는 얼마나 오를 것인가 197

금리 인상과 투자전략 200

슬기로운 생활 재테크, 올바른 적금상품 선택법 207

간접투자의 시대는 가고 직접투자의 시대가 왔다 211

예금상품 투자로 금리 1% 이상 더 받는 법 216

생각 있는 재테크, 높아지는 행복지수 220

환율 하락 시기에 투자하는 달러예금 223

엔화의 약세, 엔 테크를 하라 227

환율의 마법이 통하는 해외직구 230

해외 투자, 환율 예측이 성공을 보장한다 232

환율 변동과 주식 투자 238

명품은 걸어 다니지 않는다 242

수익률의 역설, 싱크Think와 리슨Listen의 차이 245

J 노믹스, 따듯한 자본주의를 꿈꾼다 249

최근의 세상은 지수함수적으로 변한다고 했던가. 필자는 이 말을 최근 현실감 있게 받아들이고 있다. 처음 이 책을 기획하던 시점이 2017년 11월이었다. 당시는 원/달러 환율이 급락해 세 자리 수 환율의 시대가 오는 것은 시간 문제인 것처럼 보였다. 따라서 이 시기에는 낮아진 환율을 이용해 해외여행을 하는 사람과 환율이 오를 것을 가정하고 달러화 예금을 부추기는 기사들이 봇물을 이루었다.

　그러나 이 책의 마지막 수정을 하는 시점인 2018년 10월 11일에는 환율이 급락해 2017년 9월 이후 최고치인 1,140.4원을 기록했다. 1년의 시차를 두고 환율이 널뛰기를 한 것이다. 이 시기에 환율 변동을 미리 예측했더라면 환율 변동을 이용한 환 투자로 꽤나 주머니가 두둑해졌을 것이다.

2017년 11월 한국은행이 기준금리를 1.25%에서 1.50%로 인상한 이후 2018년 10월 현재 한국은행은 기준금리를 동결하고 있다. 그동안 미국 연준은 기준금리를 점진적으로 3차례 인상해 2018년 10월 미국의 기준금리는 2.00~2.25% 구간에 있다. 한국은행의 기준금리는 미국 연준의 기준금리 최고구간과 비교해 0.75%의 금리 차이를 보이고 있다. 한국과 미국의 기준금리는 1년 전과 비교해 금리가 역전되어 0.75%의 금리 차이를 보이고 있다.

　　한국에서는 주가가 폭락하고(검은 목요일로 지칭되는 2018년 10월 11일 주가는 98.94포인트가 폭락해 2018년 최저점인 2,129.67포인트를 기록했음) 환율은 급등하는 흐름들을 보이고 있다. 2017년 11월에는 환율의 하락이 어디까지 이어질까 걱정했지만, 2018년 11월 시점에서는 반대로 환율 상승이 어디까지 계속될 것인가가 시장에서 초미의 관심사가 되고 있다. 우리가 환율, 금리의 변동에 민감하게 반응하는 이유는 환율, 금리의 변동이 내 보유자산에 지대한 영향을 미치기 때문이다. 그래서 당신 지갑의 무게를 환율, 금리의 변동이 결정한다고 말을 한 것이다.

　　필자는 1990년대 초반, 강남의 제2금융권 회사에 입사한 이후 지금까지 금융이라는 한 우물만 파고 살아온 사람이다. 20년간 금융이라는 한 우물을 파오면서 한 가지 확실하게 얻게 된 사실은 금리, 환율의 변동에 따라 개인의 자산이 춤을 추고, 또 환율, 금리의 변동이 개인자산의 무게를 결정한다는 사실이었다. 그렇다. 지금 당신 지갑의 무게를 결정하는 것은 그 무엇도 아닌 환율과 금리의 변동에 따르

　　　　　　　　　　　　　　　　　　　　　prologue

는 자산가치의 변동이다.

    대한민국 국민들의 최대 관심사로 떠오른 부동산, 그중에서도 미친 듯이 폭등하고 있는 서울 집값이 과연 얼마나 지속성 있게 이 흐름을 가져 갈 것이냐의 문제에 있다. 사람들은 정부의 9.13 규제정책과 9.21 수도권 공급정책에도 불구하고 미친 듯이 오르는 서울 집값을 잡을 수 없다고 생각한다. 그렇다면 마지막 남은 카드는 한국은행의 기준금리 인상이 될 것이다. 그래서 한국은행의 금리 인상이 언제쯤 이뤄질 것인가의 문제에 관심을 갖고 있는 것이다.

    한국은행이 선제적으로 금리를 인상한 미국 연준과 보조를 맞추기 위해서라도 금리를 인상할 것이라고 모두들 예상하고 있다. 한국은행이 계속 금리 인상에 대해 미적대고 있는 것은 경기 불황, 고용지표의 악화 등을 걱정하는 거시경제 측면에서의 문제도 있지만 이보다는 1,500조 원이 넘는 가계부채에 있다고 봐야 한다. 현재 가계부채가 이렇게 급증하게 된 이유는 전체 가계부채의 절반 이상이 생활자금으로 쓰기 위해 대출받은 생계형 대출이라는 점이다.

    이를 잘 알고 있는 정부는 가능한 금리 인상 문제를 소극적으로 대응하고 있다. 기준금리를 1%만 올려도 은행의 예대마진을 고려하면 대출금리는 1% 이상 오르는 결과가 되고 대출금리가 2%만 올라도 가계부채로 인해 늘어나는 대출이자만 연 30조 원에 이른다. 따라서 이 어려운 경제 현실에서 큰 폭의 금리 인상은 서민들을 두 번 죽이는 결과를 낳을 수가 있다. 미국 연준이 2018년 9월 28일 기준금리를

0.25% 올리자 시장은 본격적인 고금리, 강 달러의 시대가 오는 것으로 해석해 주가가 폭락했다. 미국의 국채금리가 3% 이상으로 치솟자 이를 보고 트럼프가 연준에게 미쳤다고 불같이 화내는 모습이 외신을 통해 전해지지 않았는가. 국가경제와 매우 밀접한 금리 인상에 민감하게 대응하는 것은 모든 나라가 마찬가지다.

사실 2018년 9월 28일의 미국 연준의 금리 인상은 시장이 예상한 것보다 소폭에 그쳤다. 그 이유는 미국 연준 내에 양적완화정책을 지지하는 비둘기파들의 힘이 여전하다는 것과 미국 연준도 현재 본격적으로 벌어지고 있는 미·중 간의 무역전쟁과 미국경제가 확실하게 회복됐다는 확신이 없는 상황에서 금리를 큰 폭으로 올리기는 부담스러웠을 것이다.

투자상품의 가치를 변동시키는 요인에는 다양한 요인이 있다. 그러나 환율, 금리의 변동만큼 투자상품의 가치를 변화시키는 것은 없다고 생각한다. 박근혜 정부는 당시 경제 부총리 최경환의 이름을 따서 초이노믹스라는 경기부양책을 추진했고, 한국은행은 기준금리를 2.50%에서 1.25% 낮췄다.

그 후 투자시장은 어떻게 변화했는가. 2,000포인트 박스 권에 갇혀 있던 코스피지수는 2,500포인트를 넘어섰다. 금융위기 이후 침체에 침체를 거듭하던 부동산시장도 서서히 기지개를 펴기 시작하면서 어느새 부동산 가격도 급등했다.

필자는 투자시장에서 상품의 펀더멘탈 변화에 의한 가격 변동보다 저금리가 만들어내는 유동장세가 투자상품의 가격을 더 크게 변동시킨다고 생각한다. 대한민국의 부가 재편되는 시점은 금융위기로 인한 금리, 환율이 급변하는 시대였다. 그래서 정말 큰 장은 저금리가 만들어 내는 유동장세라고 말하는 것이다.

환율은 기축통화Key currecy인 달러화와 교역당사국의 통화 가치를 원화의 가치로 비교한 비율을 나타내는 것이다. 그러니까 환율은 무역과 인구이동의 국가 간 경계가 사라진 세계화 시대에서는 숙명적으로 알아야 하는 필수적인 개념이 된 것이다.

환율과 금리의 변동에 따라서 우리의 생활이 얼마나 달라지는지를 살펴보자.

해외여행이 급증하고 있다. 2017년 한 해 동안 우리나라의 해외여행객은 2,600만 명으로, 우리나라보다 인구가 2배가 많은 일본의 1,800만 명보다 많았다. 2016년까지 해외출국자 기준 세계 최고를 기록했던 대만의 40%를 넘어 현재는 해외출국자가 가장 많은 국가가 되었다. 우리나라를 방문한 외국인보다 출국자가 급격하게 증가하면서 우리나라의 서비스 부분 해외 적자는 150억 달러로 눈덩이처럼 불어났다.

이 사실과 연관 지어 우리가 중요하게 봐야 하는 것은, 우리나라의 해외여행객이 늘어나 경사수지 적자가 크게 늘어났다는 사실보다 환율 변동이 우리의 일상생활을 변화시키고 있다는 점이다.

우리나라의 해외여행객이 2017년 급격하게 증가한 원인은 삶의 가치에 대한 다양한 니즈의 변화에 의한 것이겠지만 원화의 강세 현상이 환율을 하락시켜 상대적으로 낮은 비용으로 해외여행이 가능해졌기 때문이다.

제주도 2박 3일 여행비로 일본 4박 5일 여행이 가능해졌다고 한다. 요즘 말대로 표현해 해외여행의 가성비가 국내여행보다 높은 시대가 된 것이다. 이것이 단지 환율이 하락했기 때문에 벌어진 현상은 아니겠지만, 환율 하락이 소비자의 니즈를 변화시켜 일정 부분 해외여행을 늘리는 원인은 됐을 것이다.

환율 하락으로 해외여행객이 증가했다는 것은 매우 가벼운 한 가지 사례에 불과하다. 이제 환율은 우리 일상생활의 변화뿐 아니라, 우리가 주요 투자상품으로 삼고 있는 주식, 부동산, 금융 투자에도 큰 영향을 미친다. 환율과 함께 우리의 투자생활에서 같은 등가로 영향을 미치는 것은 금리이다.

우리가 사는 세상을 세계화 시대라고 한다. 세계화 시대는 인구의 이동만 자유로운 것이 아니다. 물류와 자본의 경계가 사라진 시대다. 세계화 시대에 생존하는 지혜와 기술이 필요한 시대다.

우리는 총성은 들리지 않지만 경제전쟁의 시대를 살고 있다. 경쟁이 얼마나 치열하기에 전쟁이라는 표현까지 쓸까라는 생각도 들겠지만, 세계역사는 한정된 재화를 두고 다투면서 성장해 왔다. 이것이 신자유주의의 무한대 경쟁 시대가 열리면서 가열된 것뿐이다.

환율전쟁이라는 말도 이것의 연장선에서 나온 말이다. 세계의 패권국가 미국, 유로통화국, 중국, 일본, 영국 등은 자국경제를 살리기 위해, 자국 통화의 가치를 낮추고 금리를 극단적으로 0%대로 인하하는 양적완화정책을 경쟁적으로 실행해 왔다.

미국은 3년 전부터 양적완화정책으로 인해 부풀려진 재정 적자와 인플레이션의 부담으로 서서히 양적완화정책을 축소하고 있지만, 유로통화국, 일본 등은 최근에도 양적완화정책을 계속 추진하고 있다. 일본은행은 2018년 10월 31일 단기 정책금리를 마이너스 0.1%, 장기금리를 '0'으로 하는 대규모 금융완화정책을 계속 유지하기로 결정했다.

따라서 세계 주요경제국이 시작한 양적완화정책은 여전히 진행 중이라고 보는 것이 맞다. 양적완화정책의 추진과정에서 환율과 금리는 조작되고 부풀려진 인플레이션과 자산버블은 여전히 세계경제를 위협하고 있다.

우리가 투자하는 주요상품들은 절대적으로 상품의 수요, 공급, 환율, 금리로 인해 변화하는 시장유동성에 의해 영향을 받는다. 그래서 환율과 금리가 당신의 지갑 무게를 결정한다고 말하는 것이다.

사람들은 환율과 금리라고 하면 막연하게 어렵다고 생각한다, 그러나 이것은 지식이 부족해서가 아니고 관심이 적어서 벌어지는 현상이다.

이 책을 쓰면서 가장 염두에 두었던 것은 단순히 환율과 금리를 공부하기 위해 어려운 경제학 교과서 수준의 환율, 금리내용을 복제하지 말자는 것이었다. 따라서 왜 환율과 금리가 당신의 지갑 무게를 결정하는지를 우리가 주로 소비하고 있는 투자상품과 연계해서 풀어내자고 생각했다.

처음의 기획의도대로 쓰였는지는 독자 여러분이 판단하겠지만, 이 책은 어려운 교과서의 내용을 복제한 수준이 아니라 금융초보자도 얼마든지 이해하고 자신의 투자와 연계해 활용할 수 있다는 생각으로 썼다.

우리는 꽤 오랜 기간 저금리 시대를 살아오고 있다. 한국은행이 기준금리를 올렸다고는 하지만, 10년 전과 비교해 현재의 금리는 4분의 1 수준이다.

저금리 시대가 계속되면서 사람들은 노후의 생명줄 같은 자금으로 주식, 파생상품 등 제도권에서 가장 위험이 높은 상품은 물론이고 리스크 측정이 검증되지 않은 가상화폐에 투자하고 있다. 그러나 그들이 정상적인 투자행위를 통해서도 개인의 가처분소득을 올릴 수 있는 길이 있다면 이렇게까지 고위험 투자에 빠져들지는 않았을 것이다.

여러분은 궁금하지 않은가. 앞으로 전개될 환율, 금리 변동의 시나리오가, 또 당신이 소유하고 있는, 또는 새롭게 투자를 모색하고 있는 주식, 금융, 부동산 가격에 어떠한 영향을 가져오는지.

환율과 금리 변동의 시나리오가 당신의 지갑 무게를 결정한다는 믿음을 잊지 말기 바란다.

저자 쌈지선생 박연수

미·중 간의
무역전쟁,
요동치는 한국경제

당신 지갑의 무게를 결정하는
환율과 금리의 변동

　　　　　　　　내가 사회생활을 해오는 동안 가장
충격적인 사건은 바로 IMF 외환위기였다. IMF 외환위기는 말 그대
로 우리나라가 대외채무를 갚을 외국 돈, 즉 달러가 부족해 발생한 일
이다. 만약 지금처럼 우리나라의 경제 위상이 높아 중국, 캐나다 정
도의 경제 강국과 통화스왑을 맺어 상호 약정한 대로 원화를 통화스
왑 협정국의 통화로 맞교환할 수 있을 정도의 금융시스템을 갖추고
있었더라면 국치에 가까운 이런 외환위기는 안 겪고 살았을 것이다.

　IMF 외환위기는 1차적으로 우리나라의 대기업, 은행들이 방만한
경영으로 대외채무가 급속도로 늘어나자 정부는 이를 막지 못하고 결
국 대외채무 유예조치를 뜻하는 모라토리움(긴급 채무 유예)을 선언
하면서 시작된 것이다. 우리나라도 1954년에 가입한 미국 주도의 국
제통화기금이라고 하는 IMF가 정부의 모라토리움 선언을 공식적으

로 받아들이면서 우리나라의 외환위기는 공식화되기에 이른다.

IMF 외환위기가 공식화되면서 가장 먼저 나타난 현상이 환율 변동이다. 당시 원/달러 환율이 800원대에서 2,000원대로 폭등하고, 시장 실세금리 지표가 됐던 AAA등급의 우량회사채의 금리가 현재의 시점에서는 상상하기 어려운 30%를 넘어섰다.

그 당시 우리나라 기업들은 대부분 차입에 의존해 경영을 했다. 그러다 보니 부채비율이 매우 높은 재무구조를 가지고 있었다. 이런 취약한 재무구조를 가진 기업에게 금리가 폭등하고 환율이 치솟는 상황이 발생하고 이에 따라 기업의 유동성이 결핍되니 한계 기업으로 몰린 기업들의 도미노적 파산현상이 발생할 수밖에 없었던 것이었다.

실제 이 기간 동안에 당시 국내 대기업들이었던 한보를 필두로, 야구단 삼미 수퍼스타즈를 운영했던 삼미, 진로, 미도파(대농), 뉴코아 등 지금도 익숙한 대기업들을 포함해 1만 개의 기업이 파산선고를 받았다. 금융권은 33곳에 이르던 은행이 17곳, 종금사(당시는 투금사라고 했음) 30곳 중 8곳, 보험사 50곳 중 30곳, 증권사는 36곳 중 19곳만 살아남았다. 독립 채산제로 운영되던 저축은행, 캐피탈, 단위 농협·수협·축협, 새마을금고, 신협 수 백 곳도 영업을 중단해, 외환위기로 말미암아 금융권에서의 퇴출된 인원만 해도 10만 명을 넘어섰다. 이러니 일반 제조기업에서 일자리를 잃은 사람은 얼마나 많았겠는가. 엄청난 충격을 받은 50대 이상의 장년층들은 지금까지도 IMF 외환위기 당시의 고통받았던 일들을 얘기하고 있다.

이보다 더욱 놀라웠던 일들은 앞에서 거론했던 것처럼 1996년 6월, 990포인트였던 코스피지수가 외환위기 직후엔 277포인트까지 떨어졌다는 것이다. 현재의 코스피지수가 그 당시보다 10배 정도 올랐으니 그냥 우량종목의 주식에 묻어만 뒀어도 현 시점에서의 수익률은 1,000%가 넘었을 것이다. 외환위기 이후 주식시장에서 시가총액 상위 우량종목들이 코스피 종목 평균 수익률보다 높았으니 이들 종목에 투자했던 사람들이 지금까지 그 종목들을 매도하지 않고 가지고 있었다면 1,000포인트 이상의 수익률을 올리는 일은 문제도 아니었을 것이다.

외환위기 전 800원대에 머물던 원/달러 환율이 2,000원 이상으로 치솟고 금리마저 폭등해 국가경제가 붕괴 직전의 상태였다. 필자는 당시에 신용융자를 풀Full로 받아서 주식에 투자했기 때문에 외환위기로 주가가 폭락하면서 소위 말하는 주식잔고가 더 이상은 없는 깡통을 차게 되었다. 지금 와서 솔직히 고백하건데, 필자는 정부가 모라토리움을 선언하는 날까지도 이렇게 까지 파장이 커질 줄 몰랐고, 이번에도 시간이 지나면 반등할 것이라고 생각하고 주식을 매도할 생각을 하지도 않았다. 정상적으로 작동하는 시장의 시스템을 믿은 필자 같은 미련한 사람들은 아마 그 당시 술에 쩔어 살았을 것이다.

그 시기를 거쳐 오면서 필자는 생각했다. 내가 아무리 노력해서 투자한다고 한들 국내기업, 은행들이 경영을 잘못해 국가자산을 말아먹고 무능한 정부가 이를 통제하지 못한다면 개인은 파산할 수밖에 없다는 것을. 이때 깨달은 또 하나의 사실은 개인의 자산은 결국 환율과 금리가 결정한다는 것이었다. 그러나 외환위기로 인한 자산 폭락

1. 미·중 간의 무역전쟁, 요동치는 한국경제

으로 모두가 공포에 떨어 우량자산을 투매하기 바빴던 와중에도 유동성을 쥐고 있던 소수의 투자자들은 시장에 헐값으로 투척된 우량기업이 발행한 회사채, 주식, 핵심지역의 부동산을 주워 담아 일생일대의 부를 거머쥐었다는 사실이다.

그래서 금융위기 시기가 오면 대한민국의 부가 재편된다고 말하는 것이다. 정부는 외환위기를 극복하기 위해 당시 우리나라 GDP의 30%에 이르는 공적자금 169조 7,000억 원을 투입했지만 2016년까지도 국민의 세금인 공적자금으로 살아난 은행, 대기업들은 돈의 3분의 1에 해당되는 60조 원을 반납하지 않고 있다.

외환위기 이후 우리나라 금융시장에 가져온 가장 큰 변화는 이른바 펀드의 전성 시대가 열린 것이다. 외환위기 이전에 소위 뮤추얼펀드라고 하는 해외펀드에 투자한 사람들은 해외펀드의 수익률이 0이라고 가정했을 때 환율 급등으로 100% 이상의 수익률을 올렸다.

외환위기가 발생한 이듬해 우리나라에서도 자산운용사가 정식으로 인가를 받게 됐는데, 1호로 자산운용사 설립 허가를 받은 회사가 박현주와 최현만이 설립한 미래에셋이었다. 미래에셋은 그들의 입장에서 무위험 자산으로 운용수수료만 받는 펀드 판매를 시작으로 보험사, 증권사를 연달아 설립해 오늘날에 와서는 거대 금융그룹으로 성장해 있다.

세계에 떠도는 유동자금이 100조 달러에 이르고 이 중 투기펀드에 의해서 움직이는 돈이 전체의 98%라고 한다. 이들이 금융자본을 이용해 세계시장에 버블을 키워왔고, 그 영향으로 세계경제에서 금융위기는 수시로 발생하고 있다. 대표적인 것이 2008년 발생한 서브프라임 모기지론 금융위기다. 그때도 국내시장에서는 환율이 치솟고, 금리가 폭등했다. 2009년 최고의 수익률을 올린 상품은 폭등하는 환율과 금리를 이용해 해외펀드, 국내 채권에 투자한 사람들이었다.

그렇다. 투자상품의 내재가치에 큰 변동이 없음에도 투자상품의 가치가 급락하거나 상승하는 것은 환율과 금리가 마법을 부리기 때문이다. 부자가 되고 싶은가. 그렇다면 더 늦기 전에 환율과 금리 공부에 올인하라.

미·중 간의 무역전쟁에서
미국이 노리는 것은

팍스 로마나라는 말은 당시 군사력 경제력에서 막강한 힘의 우위를 갖고 있던 로마에 의에서 유지되던 평화의 시대를 말한다. 팍스 아메리카라는 말은 이를 빗대어서 2차 세계대전 종전 후 초강대국으로 등극한 미국의 군사력, 경제력에 의해서 유지되는 평화의 시대를 일컫는 말이다.

그러나 지금 초강대국 미국에 의해서 평화가 유지되고 있는가. 미국은 초강대국이라는 힘의 우위를 바탕으로 상대국을 괴롭히는 국가로 인식되고 있다(보는 시각에 따라 의견을 달리하는 문제로 필자의 생각이 그렇다는 것이다). 미국은 중국과의 무역거래에 있어서 무역 적자가 점점 더 증가하자 어느 날 갑자기 세이프가드(긴급수입제한 조치)를 발효시켜 이른 바 미·중 간의 무역전쟁의 서막을 알리게 된다. 미국의 대 중국 무역 적자는 미국 전체의 무역 적자 절반에 가까운 3,700억 달러에 이르고 이것은 점점 증가하는 형국이다. 미국이 이처럼 대범한 보호무역정책을 결심한 속내에는 급증하는 무역 적자를 시장에 맡겨둬서는 안 된다는 판단이 있었기 때문이다.

미국이 무역거래로 인한 적자가 늘고 이에 따라 미국의 재정 적자가 발생하는 것은 미국의 소비자들이 자신의 소득 이상으로 지출을 하고, 미국 기업들이 국제 경쟁력이 떨어져 발생하는 문제이다. 그러나 미국은 항상 내부에서 그 원인을 해결할 생각은 안 하고 그 원인을 외부에서 찾는다는 것이 문제다.

미·중 간의 무역전쟁에 있어서 미국의 1차적인 킬러무기는 안티덤핑관세를 부과하는 것처럼 보이지만 미국이 이번 무역전쟁에서 최종적으로 노리는 것은 현재 미국 무역 적자의 절반을 차지하고 있는 대 중국과의 무역거래에서 무역 적자를 항구적으로 막기 위해 위안화의 인위적 절상이다.

그러니까 중국 위안화의 환율을 인위적으로 조작해 무역 적자를 줄이겠다는 의도로 보인다. 우리나라의 주력 수출 상품인 백색가전, 태양광패널, 반도체, ICT 등의 상당 부분이 중국 내 공장에서 생산된다. 미·중 간의 무역전쟁이 길어질수록 우리나라의 경제에 미치는 영향도 상당히 커질 것으로 예상된다. 따라서 이 소모적 무역전쟁을 빨리 양국은 정리하고 타국에 피해를 입히지 말아야 한다.

현재 미국과 중국 간의 무역전쟁이 치킨게임 양상으로 진행되면서 세계 각국들은 보호무역주의가 팽창해 20세기 초의 대공황 당시처럼 다시 세계경제에 대공황의 시대가 오는 것이 아닌가 우려하고 있다. 하지만 현재 미국 대통령 트럼프가 어떤 사람인가. 비합법적 수단을 잘 활용하고 대중 조작에 누구보다 능한 상술을 가진 사람이다. 그가 여론 조작에 능하고 지나칠 정도의 자국우선주의를 내세우는 사람임은 분명하지만 또 한편으로는 누구보다도 현실을 직시하는 상술에 능한 장사꾼의 면모를 갖고 있는 사람이다. 따라서 시장에서 우려하는 극단적인 상황은 피해갈 것이다.

미국과 중국 간에 현재 진행되고 있는 무역전쟁을 지켜보면서, 필자는 G5 국가들을 들러리로 내세워 뉴욕의 플라자호텔에서 미국이 일본과 맺은 플라자 협정(Plaza Agreement 또는 Plaza accord라고 함)이 연상되었다.

미국은 그때도 그랬다. 1965년에 처음 대 일본 무역 적자를 기록한 이후에 1985년까지 그 적자의 폭이 누적되고 해결의 기미가 보이지 않자 미국은 힘의 우위를 앞세워 일본에 엔화의 강제 절상을 요구한다. 미국은 대 일본 무역 적자를 시장 자율에 맡겨 두어서는 안 된다는 생각으로 당시 뉴욕의 플라자호텔에서 일본으로 하여금 강제적으로 엔화의 강세를 유도해 일본과의 무역 적자를 항구적으로 줄이려 했던 것이다. 결과적으로 미국의 예상은 적중했다. 플라자 협정을 채결한 다음날 엔/달러 환율은 1달러에 235엔에서 약 20엔이 하락하였고, 1년 후에는 달러화의 가치가 거의 반이나 떨어져 엔/달러 환율이 120엔대에 거래가 이뤄졌다. 플라자 협정을 맺은 그날 이후 일본경제는 추락에 추락을 거듭하다 최근에서야 간신히 살아나게 된 것이다.

미국이 무역거래에서 경상수지의 적자를 보는 것은 미국의 기업들이 글로벌 시장에서의 경쟁력이 다른 국가들보다 뒤처지고, 미국의 소비자들이 자신의 소득 이상으로 소비를 함으로써 발생하는 문제다. 그러나 미국은 항상 그 문제의 해결방식을 경쟁국의 환율을 강제로 낮추는 방법으로 해결하려고 한다. 미국은 플라자 협정에서 일본에 했던 것처럼, 중국에도 위안화 절상을 요구했으나 중국의 베이징 정부가 거세게 반발하자 결국 힘의 대결로 몰아붙이고 있다. 이것이 미·중 간의 무역전쟁이 반발하게 된 계기다.

중국의 베이징 정부는 자국경제 내부에 많은 문제가 있다는 것을 알고 있다. 그러나 또 한편으로는 중국은 미국의 압력을 견뎌낼 수 있는 엄청난 규모의 내수시장을 갖고 있는 세계 최고의 제조업 강국이기도 하다. 여기에 중국은 OECD 회원국도 아니다, 따라서 미국의 압박이 심해지면 외화유출 금지 조치도 내릴 수 있는 나라다. 플라자 협정 당시의 일본경제와 사이즈부터 다르다. 미국은 중국도 일본처럼 어르고 달래면 고분고분 말을 들어줄 것이라고 생각했겠지만 중국은 미국의 신 플라자 협정을 강력히 거부하고 미국과 맞서는 전략을 선택한 것으로 보인다. 이로써 미국과 중국 간의 무역전쟁은 누가 먼저 죽고 사느냐의 치킨게임의 양상으로 전개되고 있는 것이다.

이번 미·중 간에 무역전쟁이 본격화된 것은 미·중 간의 무역거래에서 미국의 적자규모가 걷잡을 수 없이 확대되어 시장의 자율에 맡겨 두었다가는 그 폭이 점점 확대되리라는 지점에서 트럼프가 2016년 미국 대선 출마의 변으로 미국 무역 적자규모의 절반 이상을 차지하는 중국을 경계하지 않으면 안 된다고 말하면서부터다.

　　　　　1. 미·중 간의 무역전쟁, 요동치는 한국경제

미국 대선에서 트럼프가 당선되면서 말은 실제 행동으로 이뤄지기 시작해 2017년 미·중 양국정상회담에서 양국은 무역 불균형을 시정하기 위한 100일 계획 추진 협약을 내놓았다. 그럼에도 불구하고 미국의 대 중국 무역 적자는 해소될 기미가 보이지 않았다. 그러자 2017년 8월에 트럼프는 미무역대표부USTR에 중국에 대한 지식재산권 침해 소지 조사를 지시하며 중국에 압박을 시작했고, 이 시점부터 미·중 간의 무역전쟁이 본격화되었다.

미·중 무역전쟁은 2018년 1월 미국이 태양광 패널과 세탁기에 대한 세이프가드(긴급수입제한 조치)를 발동하면서 갈등이 본격화됐다. 중국만을 대상으로 한 것은 아니었지만 사실상 중국과 중국에서 세탁기를 생산하고 있는 한국이 직접적인 타격을 입게 되었다. 2018년 2월에도 미국은 태양광 패널과 세탁기에 대해서 각각 30%, 50%에 달하는 관세를 부과하기 시작했고, 2018년 3월에는 국가 안보를 위협한다는 이유로 철강 25%와 알루미늄에 10%의 고율관세를 부과하겠다고 나섰다. 중국 상무국은 미국의 관세부과를 반대한다고 밝히면서 미국으로부터 수입되는 철강과 알루미늄 제품 대부분은 민간용 제품으로 미국 안보를 위협한다고 말할 수 없다고 반발하였다.

그러나 이 같은 중국의 반발에도 미국은 2018년 3월 22일 500억 달러에 달하는 중국 수입 제품에 고율의 관세를 부과하겠다고 나섰다. 중국은 이에 대해 즉각 반발하여 30억 달러 규모의 미국 제품에 대해 최고 25%의 관세를 부과하겠다고 맞서게 된다. 또 여기서 그치지 않고 2018년 4월 미국은 USTR 조사 결과를 바탕으로 또 한 번 중국에 관세폭탄을 던지게 된다.

중국 지식 재산권 관련 133개 품목 500억 달러에 25%의 관세를 부과하기로 결정을 한 것이다. 다음날 중국은 바로 미국산 대두, 옥수수 등을 포함한 106개 품목 500달러 규모에 대해 25% 관세를 부과하기로 했다. 이후에도 수차례 양국이 협상에 나섰지만 합의점을 찾지 못하고 양국 합산 1,000억 달러 규모에 이르는 제품을 두고 무역전쟁의 킬러 무기인 관세부과가 시행되게 된 것이다.

레이건 정부 시절 미국에 의해 주도된 신자유주의 경제시스템은 국경 없는 세계무역을 추구한다. 그러나 지금 미국이 중국 제품에 퍼붓고 있는 고율의 관세 부과는 미국 스스로가 신자유주의 경제를 포기하고 20세기 초에 세계를 공황으로 몰아놓았던 보호무역주의와 그 결과로 나타난 대공황의 시대로 돌아가자는 것이다.

아마 미국이 이번 대 중국 무역전쟁에서 표면적으로 노리는 것은 직접적으로는 중국산 제품에 고율의 관세를 부과해 미국 무역수지 적자를 줄이는 것이다. 그러나 진짜 목적은 1985년 미국과 일본과 맺은 플라자 협정과 같이 중국도 일본처럼 위안화의 가치를 절상시키고 조작해 만성적인 무역 적자 구도에서 빠져나오는 것이라는 생각이 든다. 그래서 이번 미·중 간의 무역전쟁은 신 플라자 협정으로 가기위해 미국이 생떼를 부리고 있는 것으로 보인다.

그렇다면 우리는 이쯤에서 1985년 미국이 일본과 맺은 플라자 협정의 내용을 알아보아야만 한다. 그래야 지금 벌어지고 있는 미·중 간의 무역전쟁에서 미국이 무엇 때문에 세계경제를 공포에 몰아놓고 있는 중국과의 무역전쟁에 나서는지를 정확히 알 수 있기 때문이다.

플라자 협정Plaza agreement, Plaza accord 또는 플라자 합의는 같은 말이다. 플라자 협정은 1985년 미국과 일본이 미국 뉴욕에 소재하고 있는 플라자호텔에서 당시 G5 경제선진국 재무장관, 중앙은행 총재가 모인 회의에서 발표된 환율에 관한 협정이다. 당시 미국의 무역 적자는 대부분 일본과의 무역에서 발생하다시피 했다. 미국은 이를 인위적인 환율조작으로 모면하기 위해 G5 재무장관들을 들러리로 갖다 앉히고, 미국의 의도대로 플라자 협정을 관철시키게 된다.

플라지 협정의 주요내용은 달러화의 가치를 내리고 엔화의 가치를 올리는 것이었다. 플라자 협정을 맺자마자 앞에서 언급한 대로 다음 날 엔/달러 환율은 1달러에 235엔에서 약 20엔 하락하였고, 1년 후에는 달러화의 가치가 거의 절반이나 떨어져 엔/달러 환율이 120엔에 거래가 이루어지는 상태로 진입하게 된 것이다.

플라자 협정으로 일본은 급속한 엔고 현상이 지속되게 되었다. 엔고에 의한 수출 감소, 경기 불황이 일본의 인구절벽 현상과 맞물려서 우리가 상투적으로 말하는 일본경제의 잃어버린 20년의 시대가 시작된 것이다.

일본은 플라자 협정 이후 엔고 현상이 경기 불황으로 이어지자 이를 타개하기 위해 저금리정책을 시행하였다. 이로 인해 이른바 일본의 거품경제가 시작되었다. 일본 엔화의 하락으로 해외 부동산 사들이기, 해외여행이 봇물을 이뤘으며, 일본은 수출을 늘리기 위한 전략으로 국내 생산기지를 해외로 이전시켰다. 세계 제일의 제조업강국이었던 일본경제는 이렇게 서서히 무너져 갔다.

　이러한 과정을 잘 알고 있는 중국이 미국과 무턱대고 신 플라자 협정의 테이블에 앉을 리가 만무하다. 그리고 중국이라는 나라는 인구 대국의 나라로 엄청난 내수시장을 갖고 있는 나라이고, 통상 규모에 있어서는 이미 미국을 앞지르고 있는, 세계에서 유일하게 미국과 맞설 수 있는 G2 국가다. 따라서 미국이 과거 일본을 상대로 해서 손쉽게 전리품을 품 안에 넣었다면 이번에는 쉽게 중국을 굴복시키지 못할 것이다.

　매우 상술이 뛰어난 협상가인 트럼프도 이를 잘 알고 있을 것이며, 그의 벼랑 끝 전술도 중국과의 무역전쟁에서는 별 효력을 발휘하지 못할 것이다. 따라서 이번 미·중 간의 무역 협정은 미국의 체면이 구겨지지 않는 선에서 마무리될 공산이 크다.

　필자는 이번 미·중 간의 무역전쟁을 지켜보면서 이는 양국의 경제 문제에만 국한되는 것이 아니라는 생각이 강하게 든다. 중국과 벌이는 무역전쟁은 미국의 매파들이 미국과 경쟁하는 유일한 국가인 중국을 대상으로 한 신 냉전 시대의 부활을 꾀한다는 느낌이 든다.

　미국은 냉전의 해체로 군사적 긴장이 완화됐음에도 불구하고 우리나라에 사드 기지를 배치하고, 폴란드 등의 동유럽 국가들을 나토동맹에 편입시키는 등 군사적으로 중국과 러시아 국경 봉쇄정책을 시도하고 있다. 이를 보면 미국의 매파들은 군사복합경제가 주는 달콤한 전리품을 위해 필요 이상으로 국제정세를 악화시키는 버릇을 못 버리고 있다는 생각을 할 수밖에 없다. 이것이 실제 이상 부풀려지고 있는 미·중 간 무역전쟁의 본색이라고 말할 수 있겠다.

왜 미국의 양적완화정책은
비난받는가

필자는 2008년 금융위기 이후 선진 각국에서 추진되어왔던 이른바 양적완화, 극단적인 마이너스 금리정책은 이웃나라를 더 가난하게 만드는 정책으로, 강대국이 이것을 주도하는 것은 스포츠 경기에서 강한 상대가 약자를 향해 벌이는 반칙행위라고 생각하고 있다.

양적완화정책이라는 것이 무엇인가. 간단히 말하면 정부가 자국의 금융시장에서 직접 국채를 매입해 자국의 통화량을 늘리는 정책이다. 이렇게 되면 시장의 통화량은 증가하게 되고, 증가한 통화량만큼 경제 거품이 발생하게 되며, 이로 인해 자국의 통화가치는 낮아져 자국 상품의 국가경쟁력은 높아지게 된다.

양적완화정책은 미국이 역사상 최초로 실시한 일종의 통화확대정책이다. 그러니까 그 마무리를 두고 미국 연준과 미국 정부가 갈팡질

광하고 있는 것이다. 미국 연준의 매파들은 양적완화정책으로 국가가 사들인 국채 보유액이 증가하자 이를 시장에 매각해 달러를 회수함으로써 미국경제가 정상적인 상태로 복귀해야 한다는 생각으로 양적완화정책의 반대 포지션에 해당되는 테이퍼링정책을 밀어붙이고 있다. 그러나 이 과정에서 시장금리가 오르고 달러화마저 강세장을 연출해 미국증시가 폭락하자 미국 대통령 트럼프는 미국 연준의 매파들을 향해 맹비난을 퍼부어왔다. 앞으로 미국 연준의 금리정책이 어느 방향으로 진행될지는 확실히 모르겠지만 미국 연준도 자신들의 생각만 밀어붙이기에는 여러 장애 요인이 있다고 보여진다.

세계경제는 상호의존성, 공정한 무역거래로 이루어진다. 가난한 국가도 아닌 선진국들이 자국의 통화를 늘려 통화가치를 낮추고, 극단적인 마이너스금리정책으로 자국 기업들의 생산비를 감소시켜 자국 생산제품의 가격경쟁력을 높여, 이미 뒤처져 있는 가난한 국가들을 더 가난하게 만든다는 것은 선진국으로서 해서는 안 되는 경제정책이다. 그러나 2008년 금융위기 이후 세계의 경제 대국들은 앞서거니 뒤서거니 하면서 양적완화정책에 경쟁적으로 참여해왔다.

이러한 선진국들의 양적완화정책이 나비효과를 일으켜 세계경제의 버블을 야기시키고 있다. 이 투자공간에 한국경제도 있는 것이다. 2018년 계속되고 있는 서울 집값의 폭등 현상을 봐라. 한국경제는 이미 감속경제의 시대로 진입해 있고, 인구절벽 현상이 본격화됨에 따라 지방도시들의 부동산은 추락을 거듭하고 있지만 서울 집값만 미친 듯이 폭등하고 있다.

이 현상을 두고 정부와 시장 관계자들은 낮은 금리와 서울 주택의 수급에서 문제의 원인을 찾고 있다. 하지만 필자는 개인적으로 서울 집값만 이렇게 폭등하는 원인을 2008년 금융위기 이후 선진국들에 의해서 추진되어왔던 양적완화, 극단적인 마이너스 금리정책의 결과로 인한 것이라고 생각한다. 세계경제가 실물경제 이상으로 비대해진 상태에서 유동성과 저금리를 이용해 부자들이 그나마 안정자산이라고 할 수 있는 서울 집에 재테크를 하면서 이 상황이 벌어진 것이다. 1년 전만 해도 서울의 강남 3구조차 평당 5,000만 원 넘는 아파트가 절반이 되지 않았다. 그러나 2018년 10월 현재는 평당 가격이 1억 원이 안 되는 아파트를 찾기가 더 어려울 정도로 서울의 핵심지역 아파트 가격은 미친 듯이 올랐다. 서울 핵심지역이 미친 듯이 오르자 그동안 상승장에서 소외되어온 비 강남, 비 소형, 비 고가, 비 재건축 단지의 아파트들도 풍선효과 세례를 맞아 강남 아파트와의 가격 격차를 줄이고 있다.

이 와중에도 지방의 부동산은 풍선효과를 기대하기는커녕 가격이 내려가고 있다. 필자가 이번 서울 집값 폭등 때문에 걱정하는 문제는 서울 수도권과 지방 간의 양극화 현상이 일시적이 아니라 항구적으로 진행될 가능성이 크다는 것이다. 그렇게 된다면 국토의 균형개발이라는 측면에서 얼마나 불행한 일인가. 지금도 인구절벽 현상에도 불구하고 수도권 유입인구는 계속 늘고 있다. 과연 이 사람들은 어디에서 오는 것인가. 비로 지방에서 올라오는 사람들이다. 정말 심각한 문제다.

정부도 서울 집값을 잡기 위해서는 선제적 금리 인상이 필요하다는 것을 누구보다 잘 알고 있다. 그러나 우리나라의 가계부채가 1,500조 원이 넘고 이 금액 중 절반 이상이 생계형 대출로 나타나고 있는 상황에서 과연 금리를 올리자고 말할 수 있는 강심장의 관료들이 있겠는가.

필자는 2008년 금융위기 이후 미국에 의해서 처음 시작된 소위 양적완화정책을 지켜보면서 미국이 베트남전쟁에 막대한 전비를 쏟아 붓고도 패배하면서 불어난 엄청난 재정 적자 때문에 당시 미국 대통령 닉슨이 일방적으로 금태환제Gold ecchange를 폐기해 세계경제를 혼란에 빠트렸던 기억이 새삼 떠올랐다. 기축 통화국인 미국은 자국의 이익을 위해 일방적으로 금태환제를 폐기하고 달러화의 발행을 늘려 세계경제를 파탄에 빠트릴 수 있는 나라다. 필자는 2008년 금융위기 이후 미국에서 시행한 양적완화정책도 지금까지 미국이 세계를 향해 보여줬던 패권적 경제정책의 연장선에 있다고 보고 있다.

미국은 스스로가 세계무역시장을 감시하는 보안관 역할을 수행한다고 생각해 미국의 기준으로 무역 상대국을 환율 조작국으로 지정한다. 하지만 내가 생각하기에 세계 최고의 환율 조작국은 미국이다. 우리는 오랜 기간 미국주도화의 냉전 시대를 살아왔기 때문에 미국의 이익이 우리나라의 이익이 된다는 관점에서 세계정세를 봤다. 우리의 사대적 보수 수구언론들은 우리나라가 세계 10대 경제대국에 이르고, 한반도에 전쟁 없는 평화의 시대가 오고 있는 와중에도 신 냉전을 추구하는 미국 매파들과 동일한 시각으로 우리나라의 문제를 보고 있다. 그러니 우리 언론에서는 진실은 가려지고 트럼프와 그와 뜻을 같이하는 신 냉전 세력들의 얼굴만 보이는 것이다.

미·중 간의 무역전쟁도 세계인의 시각에서 보면 미국이 시장의 자유에 맡겨두면 중국과의 무역에서 적자 폭이 점점 더 커지니 중국의 약점을 물고 늘어져 결국 위안화 절상을 통해 무역 적자를 해결하자고 생떼를 쓰는 것인데, 중국의 잘못으로 미·중 간의 무역전쟁이 벌어졌다는 시각에서 기사를 내보내니 미·중 간의 무역전쟁의 본질이 감춰지는 것이다.

2차 세계대전 종전을 얼마 앞두고 44개 국가에 이르는 전승국들이 미국 워싱턴의 브레튼 우즈 호텔에 모여 종전 후의 기축통화를 달러로 하는 것에 합의하면서 이른바 달러 기축통화가 시작됐다.

전승국들은 미국이 달러를 무제한으로 발행하는 것을 막기 위해 달러 기축통화 시대의 안전판 구실을 하는 금태환제를 시행하기로 약정을 맺었다. 이것은 미국이 아무리 기축통화국의 지위를 갖고 있다고 하더라도, 달러를 무제한으로 찍어내지 못하게 하는 안전판의 역할을 담당한 것이다.

그러나 앞서 말한 대로 미국 대통령이었던 닉슨은 금태환제를 일방적으로 파기하고 무한대로 달러화를 찍어내기 시작했다. 그 결과 세계경제는 인플레이션에 휩싸이게 되었고, 인플레이션에도 불구하고 세계경제는 불황의 그늘을 못 벗어나는 스테그플레이션의 시대가 열려 세계 모든 국가들이 고통을 받았던 사실을 우리는 기억해야 한다.

미국은 항상 이런 식이다. 그들이 갖고 있는 힘의 우위를 바탕으로 자신들의 입맛에 맞게 세계경제를 재단하여 왔다. 현재 미·중 간에 벌어지고 있는 무역전쟁 역시 이 흐름의 연장선에 있는 것이다.

  미국은 2008년 미국 메가 뱅크들의 탐욕이 불러온 소위 서브프라임 모기지론 사태를 국민의 세금인 공적자금으로 해결하면서 막대한 재정 적자를 입기 시작한다. 미국은 이 재정 적자를 해소하고 미국 기업의 경쟁력을 높이기 위한 수단으로 일종의 통화확대정책이라고 할 수 있는 양적완화정책을 세계 역사상 처음으로 추진하게 된다. 미국의 양적완화정책으로 미국의 달러화는 약세 현상을 보이기 시작했고, 미국경제는 서서히 달궈지기 시작한다. 반대로 우리나라에서는 미국의 양적완화정책의 영향으로 2010년 이후 지속적인 저금리와 유동장세의 흐름에 놓이게 된 것이다.

  미국은 미국의 경제가 살아나는 기미가 보이자 이제야 양적완화정책을 포기하고 이른바 양적완화축소정책인 테이퍼링정책을 시행하기에 이른다. 미국이 양적완화정책을 포기하고 테이퍼링정책으로 전환하면서 발생한 현상이 바로 미국 연준의 금리 인상정책이다.

  미국 연준은 2018년에만 3차례의 금리 인상을 단행해 현재 미국의 기준금리는 2018년 9월 28일 현재 2.00~2.25%에 이른다. 반면 한국은행은 2017년 기준금리를 1.25%에서 1.50%로 올린 후 2018년 10월까지 기준금리를 올리지 않고 있다. 따라서 미국과 한국의 기준금리는 최고구간으로 따지면 0.75%의 차이가 발생하고 있다. 아직까지는 외환시장에서 셀 코리아 현상이 발생하지 않고 있으나. 만약 미국이 기준금리를 계속해서 올린다면 한국은행도 기준금리를 올려야 할 것이다. 문제는 한국은행이 얼마나 기준금리를 올리느냐이다. 한국은행의 기준금리 인상 수준에 따라서 그 여파가 부동산, 주식, 금융시장 전반에 미치는 영향이 다르고 파급효과도 차이가 나기 때문이다. 여러분은 한국은행이 기준금리를 얼마나 올릴 것으로 생각하는가. 필자는 개인적으로 한국은행이 기준금리를 올린다고 해도 이는 미국 연준의 금리 인상 추이와 외환시장의 반응에 따라서 매우 소폭의 금리 인상이 있을 것으로 예상하고 있다.

현재 미국을 제외한 세계선진국은 양적완화정책을 계속하고 있다. 미국에 이어서 양적완화정책에 뒤늦게 뛰어든 유럽연합, 영국, 일본 등의 나라는 아직도 양적완화와 극단적인 마이너스 금리정책을 포기하지 않고 있으며, 현재 일본의 경제 부흥도 이 정책들과 맞물려 있다. 과연 양적완화와 저금리정책이 주는 달콤한 열매들을 이 나라들이 포기할 수 있을까. 이들 나라는 그렇게 쉽게 포기하지 않을 것이다. 따라서 세계적인 저금리 흐름은 계속될 가능성이 크고 이렇게 만들어진 자산의 버블 현상도 지속될 것이다. 그러니까 미국의 금리 인상이 한국은행의 금리 인상으로 이어져 자산의 가치가 떨어질 것이라고 미리 단정지어서는 안 된다.

지수함수적으로 변동되는 세계경제 흐름 속에서 당신의 지갑 무게를 결정짓는 금리, 환율의 미래를 점치는 것은 결코 쉽지 않은 일이다. 경제는 현상만 보게 되면 그 속살을 볼 수가 없다. 현명한 투자자라면 그 이면에 감춰진 세계경제의 흐름을 직시해야 투자로 성공을 할 수가 있다.

미·중 간의 무역전쟁이 한국경제에
미치는 영향

미국은 이미 예상한대로 2018년 9월 28일 기준금리를 0.25% 올렸다. 따라서 미국의 금리 인상으로 강달러의 시대가 예고되는 것이 아닌가 하는 시장의 우려가 있는 것이 사실이다.

혹시 미국의 금리 인상과 미·중 간의 무역전쟁으로 인해서 신흥국들의 통화불안이란 세계적인 악재가 야기되는 것은 아닐까. 미국의 금리 인상과 강 달러 흐름으로 국내시장에서 위험자산에 대한 회피심리가 커져 환율이 오르고 주가가 폭락할 수 있고, 여기에 미·중 간의 무역전쟁이 중간재를 수출하는 우리나라와 무관할 수 없다는 것이 현실이다.

현재 우리나라의 전체 수출액 중에서 중국이 차지하는 비중이 25%이고, 미국이 12%를 차지하고 있다. 중간재의 수출비중이 높은 우리나라 입장에서는 미·중 간의 무역전쟁으로 직접적 피해를 입는 것은 당연한 일이다.

미국이 500억 달러에 이르는 중국수입품에 대해 25%의 관세를 부과해 중국의 대 미국 수출액이 10% 감소하게 되면 한국의 대 미국 수출은 282억 6,000만 달러 감소할 수가 있다. 중국의 수출이 줄게 되면 우리나라의 수출도 감소할 가능성이 높아진다.

양국 간의 무역전쟁이 유럽국가나 일본 등에 대한 보호무역주의 확대로 이어진다면 수출이 전체 경제에서 차지하는 비중이 40%에 이르는 우리나라의 입장에서는 좋은 일이 될 수가 없다. 미·중 간의 무역전쟁으로 국내 금융시장 역시 세계적인 금융 불안이 야기되면서 위험자산에 대한 투자심리가 위축되고 주식시장에서 이탈하는 세력이 증가하고 있으며, 원/달러 환율마저 상승하면서 우리경제에 부정적인 영향을 주고 있다.

미·중 간의 무역전쟁이 본격화되는 수순을 밟아나가면서 2017년 11월 이후 처음으로 원/달러 환율이 1,101원을 넘어섰다. 이는 2018년 6월 7일 1,069원과 비교해 10일 만에 원/달러 환율이 35원 넘게 오른 것이다. 또한 코스피지수도 이 기간 동안 27.80포인트 급락한 2,376.24포인트에 장을 마감했다. 이는 2018년 3월 5일 (2,375.06포인트) 이후 가장 낮은 것이다. 2018년 6월 8일 코스피지수는 2,451.58포인트였으나 트럼프가 대 중국 제재 발언을 한 이후 열흘 만에 2,376.24포인트를 기록해 70포인트 이상 빠졌다. 검은 목요일이라고 언론에서 부르는 2018년 10월 11일에 우리나라 증시는 100포인트 가까이 폭락하고 환율은 2017년 9월 이후 최고치인 1,144.40포인트를 기록했다.

미국과 중국 간의 무역 갈등으로 세계의 교역량이 줄어들게 되면 특히 수출이 전체 경제에서 차지하는 비중이 높은 아시아 국가들의 수출은 위축될 수밖에 없고, 이들 나라의 통화가치가 약세를 이어갈 수밖에 없게 된다. 여기에 외국인 세력들의 탈 아시아 매도세가 확대되면 환율은 더 올라 가게 될 것이다.

미·중 간의 무역전쟁은 교역량뿐 아니라 내용적인 측면에서도 좋지 못하다.

특히나 미국과 중국 간의 무역전쟁이 본격화 단계에 이르면서 전기전자, 철강 등의 업종에서 큰 피해가 발생하고 있다. 또한 우리나라 수출의 17%를 차지하고 있는 반도체의 미래도 밝지 못하다. 중국의 대규모 물량공세에 수요마저 위축이 된다면 더욱 그러할 것이다. 특히나 전체 ICT 수출에서 반도체가 차지하는 비중이 56.9%(109억 4,000만 달러)로 반도체 의존도가 과도하며 지역적 편중 역시 대 중국 ICT 수출이 104억 달러를 차지하고 있어 매우 심각한 수준에 직면하고 있는 것이 현실이다.

미국의 환율조작국 지정을 보는
또 다른 시각

필자는 미국이 자국의 이익을 위해 자국의 기준으로 타 국가를 환율조작국으로 지정하는 것은 상식적으로 받아들일 수 없는 문제로 생각한다. 이 문제만 놓고 봐도 미국은 세계 유일의 경제 패권국가가 맞다. 스스로 자초한 무역적자, 재정적자 문제를 경쟁국에게 줄여 달라고 강제하고 있는 수단이 바로 미국의 환율조작국 지정이다. 다른 의견도 있을 수 있겠지만 나는 그렇다고 보고 있다.

2018년 10월 17일 미국 재무부는 2018년 하반기 환율정책보고서를 자신들의 홈페이지에 게재하면서 우리나라와 중국, 일본 등의 6개국을 환율관찰대상국으로 유지하는 것으로 분류했다고 말하고 있다. 이번에 환율관찰대상국으로 지정된 나라는 우리나라를 포함해 일본, 중국, 인도, 독일, 스위스 등 6개국이다. 이들 나라의 공통점은 대미 무역에서 가장 많은 무역 흑자를 보는 나라들이다.

미국이 말하고 있는 환율조작국 지정 요건은 다음과 같다.

1. 대미무역 흑자 200억 달러 이상 흑자국
2. GDP 대비 경상이익비율 3% 초과국
3. 외환시장에서의 달러화 매수 개입을 GDP의 2% 이상

중국이 환율을 조작했다는 증거는 없다. 환율을 결정하는 것에는 수많은 요소가 겹쳐져 있다. 그러나 환율 결정에 가장 큰 영향을 미치는 것은 당대의 경제상황이다.

미국의 2018년 경제성장률은 GDP 대비 2.9% 수준이다. 상대적으로 경제성장률이 높았으니 당연히 강 달러 시대가 올 수밖에 없다. 반대로 중국은 계속 경제성장률이 떨어지고 있다. 이를 반영해 위안화 역시 약세 흐름을 보이고 있다. 이런 상황에서 중국이 굳이 환율을 조작해 위안화의 가치를 떨어뜨릴 이유가 없다. 환율을 조작하지 않아도 떨어질 수밖에 없는 상황이다.

중국 위안화의 약세는 원/달러 환율에도 영향을 미친다. 한국경제의 중국 의존도는 점차 커지고 있다. 우리가 중간재와 자본재를 중국에 수출하면 중국은 이를 완제품으로 만들어 세계시장에 판다. 따라서 중국이 어려워지면 한국경제도 어려워진다. 그래서 원화가 위안화의 프록시Proxy 통화라는 말이 생겨난 것이다. 그렇다. 원화는 위안화를 대체할 만큼 비슷하게 움직이는 프록시 통화다.

미국이 중국과의 전면적인 무역전쟁을 선포한 이유는 중국이 4차 산업의 중심 산업인 자율주행 자동차, AI, 빅 데이터 솔루션 등의 산

업에 대한 헤게모니 장악에 나서자 미국이 선제적으로 제동을 거는 조치로 볼 수 있다.

중국이 미국에 대한 수출을 자제한다고 해도 미국은 어차피 다른 나라로 수입 선을 바꿔서 수입할 수밖에 없다. 미국은 중국에 대해 무역전쟁이라는 표현을 쓰고는 있지만 미·중 간 무역전쟁의 본질을 미국이 21세기 이후에도 세계경제를 장악하기 위한 패권주의 싸움이다. 이 와중에 우리나라는 양 강대국의 고래싸움에 새우 등 터지는 형국이다.

미국의 양적완화정책에 따라
흔들리는 원/달러 환율

일국의 중앙은행들은 정책금리인 기준금리를 올리거나 내리는 방법, 또는 은행들로부터 수탁받아 중앙은행이 예치하고 있는 RP(환매조건부 채권)의 보유량을 늘렸다 줄였다 하면서 자국의 통화량을 조절한다. 그런데 기준금리 수준이 너무 낮아 금리 인하를 통한 효과를 기대할 수 없을 때 중앙은행이 시장에 풀려 있는 채권을 매입해 시장에 통화 공급을 늘리는 정책이 바로 양적완화정책이다.

양적완화정책은 중앙은행이 발권력을 동원해 부채를 늘리는 방식으로 자국의 경기를 부양시키는 정책이다. 우리는 여기서부터 잘 생각해 보아야 한다.

2008년 소위 서브프라임 모기지론 사태가 불러온 금융위기 이후 미국을 필두로 해서 영국, 유로존 국가, 일본 등의 선진국들은 앞다투어 모두 양적완화정책을 추진해왔다. 중앙은행이 시중에 풀린 채권들을 매입한다는 것은 매입 분만큼 시중에 통화가 공급되는 것이고, 이에 따라 통화가치는 하락을 하게 된다. 반면 세계경제는 넘쳐나는 유동성(돈)이 우리나라와 신흥국에 유입되어 신흥국의 통화가치를 끌어올려 결국 신흥국의 통화가 하락하게 된다.

양적완화정책은 한 나라의 정책금리인 기준금리가 더 이상 내릴 수 없는 '0'에 가까운 초 저금리 상태에서 국가 재정도 부실한 경우에 변칙적으로 경기 부양을 위해 사용되는 정책이다. 양적완화정책에 뒤늦게 올라탄 일본의 실질금리는 지금도 마이너스 상태다. 아베노믹스의 성공도 이러한 일본의 양적완화정책과 극단적인 마이너스 금리정책에 힘입은 것이다.

미국이 양적완화정책으로 달러 통화량이 증가하면 달러화의 가치는 하락하게 되고 미국 상품의 수출경쟁력은 상승하게 된다. 또 원자재 가격 물가가 상승하게 되어 달러화의 가치와 반대로 원화가치는 상승하게 된다.

반면 점진적으로 양적완화정책을 축소하는 것을 테이퍼링Tapering이라고 한다.

지금부터 미국의 양적완화정책이 불러온 경제적 영향에 대해서 알아보자.

1. 양적완화정책은 미국의 달러화의 장기 하락을 불러오고 주가와 부동산 가격의 상승과 소비 지출의 확대를 가져온다.

2. 양적완화정책의 부작용으로는 글로벌 환율전쟁을 야기하고 원유, 원자재 가격의 상승을 불러와 물가를 상승시킨다.

3. 미국의 양적완화정책으로 인해 우리나라에 발생하는 외화자금의 유입, 주가 상승, 그리고 원화 강세 현상으로 우리나라의 수출경쟁력은 약화된다. 미국의 양적완화정책이 본격화될 당시의 국내 증시가 어떠했는지 기억을 더듬어 보기 바란다.

미국은 2008년 금융위기 이후 미국 연준의 기준금리를 연 0%에서 0.25%로 낮추면서 더 이상 연준의 기준금리를 낮출 수 없는 상황이 오자 지금까지 주류 경제학에서는 들어본 적 없는 방법을 선택했다. 시중의 국채를 매입해 경기 부양을 하는 꼼수를 둔 것이다. 앞서 말한 대로 미국 연준은 기준금리를 연 0%에서 0.25% 구간으로 낮춘 후 더 이상의 경기 부양 수단이 없자 역사 상 처음으로 양적완화정책이라는 카드를 꺼내 든 것이다. 이렇게 보면 통화량을 증대시켜 환율을 조작한 당사국은 미국이 아닌가. 이 문제를 객관적으로 보지 못하고 미국의 정책에 반하는 이야기는 무조건 반미라고 생각하는 사람은 도대체 머릿속에 무엇이 든 것일까.

다음 글은 미국의 양적완화정책 추진 일정에 관한 내용이다.

미국의 양적완화정책 추진 일정 내용
1. QE 1 (1차 양적완화정책)
2008년 8월 미국의 리먼 브라더스 사태로 미국경제가 얼어붙자

FRP는 2008년 초부터 2010년 3월까지 1차 양적완화정책을 실시했다.

2. QE 2 (2차 양적완화정책)

1차 양적완화정책 이후에도 미국경제가 되살아나지 못하자 미국은 곧 바로 2차 양적완화정책을 실시했다. 2차 양적완화정책은 2011년 6월 말 종료됐다.

3. QE 3 (3차 양적완화정책)

미국은 경제가 불확실하고 고용시장의 회복이 늦어지자 3차 양적완화정책 조치를 발표한다. 미국은 구체적으로 MBSMorgage Backed Securities(주택 저당권 유동화 증권)를 더 이상 매입하지 않기로 결정하면서 2014년 10월 31일 드디어 미국의 양적완화정책은 끝나게 되었다. 이는 미국의 경제가 더 이상 연준의 도움을 받지 않아도 회복할 수 있다는 자신감에 의한 것이다.

그렇다면 우리는 지금부터 잘 생각해 보자. 미국이 양적완화정책을 펼 때는 세계의 통화량이 증가해 우리경제에도 약 달러, 원화 강세의 시장이 연출되었다. 반대로 지금 미국이 양적완화정책을 멈추자 어떤 현상이 벌어지고 있는가. 미국 연준의 금리가 인상되고 원/달러 환율은 상승(평가 절하)하고 있지 않은가. 최근에 진행되어온 주식, 부동산시장의 가격 변동은 전부는 아니라 해도 미국의 양적완화정책의 방향이 영향을 미친 것이 분명하다.

필자는 경제 문제는 객관적인 시각에서 평가해야 한다고 생각한
다. 앞에서 서술한 대로 미국의 양적완화정책은 명백히 미국이 자신
들의 재정 적자, 경기 부양을 위해 자국의 통화를 조작해온 것이다. 이
러한 미국의 양적완화정책은 자국의 이익을 위해 이웃나라를 가난하
게 만드는 정책으로 경제학자들로부터도 비난받는 정책이다.

앞으로 미국 연준의 추가 금리 인상이 예상되고 있는 상황에서 미
국의 국채금리가 오르고 있다. 따라서 강 달러, 원/달러 환율 상승은
당분간 지속될 가능성이 높다.

한국은행의
금리정책과 부동산 투자

현재 금리 문제만큼 전 국민의 관심사가 집중되고 있는 것은 없을 것이다. 사람들은 말을 한다. "왜 미국은 계속 금리를 올리고 있는데 우리나라는 금리를 올리지 않고 있지?" 이 부분에 대해서 한국은행도 생각이 많을 것이다.

이 문제의 결론을 필자의 방식대로 내려 본다면, 한국은행은 금리를 올리지 않을 수 없을 것이다. 그러나 1,500조 원이 넘는 가계부채, 국내 기업들의 경쟁력, 내수경기의 활성화를 위해 금리 인상 폭은 생각보다 낮을 것이며 금리 인상을 선제적으로 대응하기보다는 미국 연준의 금리 인상 추이와 국내 외환시장에서 발생하는 외국인들의 동향에 따라서 방어적으로 금리 인상을 단행할 것으로 판단된다.

2018년 9월 28일 미국 연준의 금리 인상 소식이 전해졌음에도 국내 외환시장이 차분한 분위기를 유지하고 실제 환율의 변동도 거의 없었던 것은 미국 내 양적완화정책을 지지하는 비둘기파의 입김이 여전히 만만치가 않다는 것을 감지한 외환시장의 딜러들이 이에 차분히 대응했다고 보여지기 때문이다.

미국은 2008년 서브프라임 모기지론 금융위기가 발생한 후 거의 10년간을 저금리와 자국통화의 가치를 절하시키는 양적완화정책을 통해 톡톡히 재미를 봤다. 현재 미국은 중국과 무역전쟁 중에 있다. 무역전쟁이라고 하지만 상대국의 통화가치를 절상시켜 미국의 무역 적자를 회피하려는 환율전쟁이 무역전쟁의 본질이다.

무역전쟁을 본격화하고 있는 미국의 입장에서 전선이 코앞에 있는데 자국의 경쟁무기인 저금리정책과 저환율정책을 포기하기가 쉽지 않을 것이다. 미국은 이쯤에서 금리 인상 대신 현상유지를 선택할 가능성이 크다.

한국은행의 기준금리를 결정하는 금융통화위원회 9인 멤버는 대부분이 정부에서 임명한 사람들로 현 정부와 코드가 맞는 사람들이다.

문재인 정부가 남북 평화 문제의 진전에도 불구하고 국민들의 국정지지도가 추락하고 있는 것은 전 미국 대통령 클린턴이 "바보야, 문제는 경제야."라고 했던 말 그대로 부동산 등 경제 문제가 문재인 정부의 발목을 잡고 있기 때문이다.

문재인 정부가 자신들의 경제정책의 전면에 내세웠던 소득주도 성장론이 무색할 만큼 현재 유화책과 대기업 중심의 혁신주도 경제 성장정책을 적극 수용하는 것도 결국에는 경제 문제 때문이다.

　이러한 지경에 처한 문재인 정부의 입장은 이미 정해진 것이나 다름없다. 내수경기를 살리고 일자리 확보를 위해 시장 친화적인 정책으로 갈 수밖에 없다는 것이다. 만약 이 시기를 놓친다면 문재인 정부 이전에 소득주도 성장을 추구했던 노무현 정부가 지향하는 가치가 높았음에도 결국 부동산 등의 경제 문제로 레임덕을 조기에 가져왔던 것처럼 현재의 문재인 정부도 그 길을 따라갈 수밖에 없을 것이다.

　개발독재 시대 때 돈의 맛을 본 우리국민들은 그들이 지향하는 가치가 아무리 숭고하다고 해도 결국 돈 앞에 눈을 감아 버리는 국민들이다. 필자는 문재인 정부가 급격하게 한국은행의 기준금리를 절대 올리지 못할 것이라고 보고 있다. 우리나라의 가계부채가 1,500조 원이 넘는다. 만약 한국은행이 기준금리를 1%만 올려도 은행들은 예대마진을 고려하여 대출금리를 그 이상으로 올릴 것이다. 현재 평균대출금리가 4% 내외라면 한국은행이 기준금리를 1%만 올려도 예대마진을 고려한 대출금리는 6% 내외가 될 것이다. 대출금리가 2% 오른다는 것은 현재의 가계부채 상황을 고려할 때, 이자 총액이 30조 원 늘게 되는 것이다. 이런 상황이 오면 국민들이 어떻게 반응할지 뻔하다.

　우리나라 국민들의 문제는 자신이 부자도 아니면서 부자들처럼 생각하고, 부자들처럼 소비를 한다는 것이다. 그렇기 때문에 다주택자, 고가 아파트 보유자에 대해 보유세를 인상하는 정책에도 자신의 미래의 수혜자가 될 수 있다는 생각으로 반대를 하는 것 아니겠는가.

필자의 결론은 이렇다. 금리는 오를 것이다. 그러나 우리나라가 선제적으로 금리를 올리지는 못할 것이다. 따라서 미국의 금리 인상 추이를 봐가면서 속도를 조절할 가능성이 크다. 따라서 금리 인상 문제에 대해 너무 심각한 경계심은 안 가졌으면 좋겠다.

미국의 금리 인상이
부동산시장에 미치는 영향에 대해서

일단 이 문제에 대한 필자의 결론을 말하면서 시작하는 것이 좋을 것 같다. 미국의 금리 인상 여부와 상관없이 지방과 서울 부동산의 양극화는 이제 무엇으로도 막을 수 없는 패러다임이 되었다는 것이다.

생각해 보라. 인구절벽으로 가장 타격을 입는 투자상품이 무엇인가. 말할 필요도 없이 부동산시장이다. 그 말대로 대한민국 부동산시장에서 지방 부동산은 인구절벽으로 철퇴를 맞고 있는 중이다. 반면 서울 부동산은 미친 듯이 오르고 있다. 일부에서는 세계적인 저금리, 과잉유동성 현상으로 이 기회를 틈타 부자들이 안정자산인 서울 부동산에 투자를 집중하기 때문에 발생하는 현상이라고 말을 한다. 맞는 얘기다.

그러니 정부가 세금을 올리고 고가 부동산에 대한 규제정책을 펼쳐도 시장은 끄덕도 안 한다. 만약 10년 전처럼 금리가 10%대로 고

금리 시대가 연출된다면 모를까. 미국금리가 오르고 한국은행이 기준금리를 올린다고 해서 서울 집값을 잡기는 어려울 것이다. 왜냐하면 인구절벽 현상에도 불구하고 서울 인구는 오히려 늘어나고 있기 때문이다. 사람들은 통계만을 보고 서울 인구가 줄고 있다고 생각하겠지만, 현재 서울에 주소지가 없으면서 유령처럼 떠도는 청년 학생 독신가구 등의 노마드 족이 얼마나 많은가. 주민등록 통계에만 잡히지 않을 뿐이다.

경제학 교과서에 다르면 미국의 금리가 오르면 환율은 떨어지고 환차익을 노리고 투자하는 외국인 세력 증가로 이어진다고 한다. 그러면 달러 표시 원화의 통화량이 증가해 시장에 유동성이 넘쳐흐르게 되고 부동산과 주식이 오른다고 말을 한다. 그러나 현실경제가 그리 간단한 것인가. 지금은 세상이 지수함수적으로 변하는 시대다. 미국이 금리를 올리면 실제 그러한 현상이 발생할 수도 있다. 그러나 미국이 금리를 올리면 한국은행의 기준금리도 오르고, 여기에 대출규제와 대출금리마저 오른다면 아무래도 부동산 경기가 악화되지 않겠는가.

필자의 생각으로 미국은 기준금리를 큰 폭으로 올리지 못한다. 이번 미국 연준의 금리 인상에서도 보았듯이 미국 연준에는 아직도 양적완화정책을 지지하는 비둘기파들의 힘이 여전한 것을 알 수 있다. 그리고 미국행정부도 양적완화정책으로 얻어진 전리품들을 일찍 포기하기는 이른 감이 있다. 따라서 미국의 금리 인상은 생각하는 것보다 매우 낮은 소폭에서 그칠 가능성이 크다. 물론 미국 증시에서 시장 실제금리가 폭등한다면은 미국 연준의 입장에서도 기준금리를 올릴 수밖에는 없을 것이다.

언론에서는 2018년 9월 28일 이루어진 미국 연준의 기준금리 0.25% 인상을 큰일이나 되는 것처럼 보도하고 있다. 하지만 이는 명목금리일 뿐이고, 현재 미국과 한국 간의 물가상승률을 감안하면 미국과 한국 간의 실제 기준금리는 오히려 한국이 높다. 따라서 미국 연준이 금리를 올렸다고는 하나 이 정도의 금리를 가지고 마치 한국경제가 큰 피해를 입을 것처럼 말하는 것도 오버하는 것이다. 생각해 봐라. 굳이 10년 전의 금리와 비교할 필요는 없겠지만, 매년 물가상승률과 비교해 본다면 현재 미국 기준금리가 높다고 말할 사람은 없을 것이다. 문제는 지금까지 미국 연준의 금리정책이 너무 소극적으로 추진되어 왔다는 것이다. 조금만 금리를 올려도 크게 확대되어 보이는 것일 뿐이다.

필자의 결론은 미국의 금리 인상도 서울 등지의 핵심 부동산이 오르는 것을 막지 못할 것이며, 인구절벽의 직격탄을 맞고 있는 지방 부동산은 서울 집값 폭등으로 인한 풍선효과도 없이 계속 내리막길을 걸을 것이라는 것이다.

정부의 정책이 힘을 발휘하기는 하는가 보다. 투자는 심리게임이라고 했던가. 정부의 9.13정책 충격의 여파로 서울 집값이 주춤하기는 했다. 여러분은 서울 집값의 미래 어떻게 보고 있는가. 필자도 이 문제에 대한 확답은 드릴 수 없을 것 같다. 투자시장의 변화는 그 누구도 예상하기 어려운 문제다.

2019년 환율과 금리 전망

통상적으로 원/달러 환율이 내려가면 수출경쟁력이 떨어져 실물경제에 악영향을 미치고, 투자심리 역시 상황이 나빠진다. 그러나 이것은 이론적으로 그렇다는 것이지, 이 논리가 항상 맞는 것은 아니다.

2017년 4월 2일 원/달러 환율이 15년 이후 가장 최저치인 1,056.60원을 기록했다. 이후 2017년 11월 원/달러 하락이 최저점을 보였다. 이 시기에는 과연 원/달러 환율 3자리의 시대가 올 것이냐에 관심의 초점이 맞춰졌었다. 시장 초미의 관심사였다. 그러나 그로부터 1년 후 시장의 흐름이 역전되어 원/달러 약세상이 언제까지 계속될 것인지에 관심을 갖고 있다. 검은 목요일이 있었던 2018년 10월 11일 원/달러 환율은 1,140.40원이었다.

원/달러 환율은 앞으로 2년 이상은 계속해서 우상향하는 기울기를 보일 것으로 예상되고 있다. 환율이 하락하는 기간 동안 주식시장은 서서히 오르기 시작할 것이고, 부동산시장은 인구절벽 현상에도 불구하고 서울 핵심지역을 중심으로 상대적으로 풍부해진 유동성으로 상승세를 멈추지 않을 것이다. 따라서 향후에 원/달러 환율이 계속해서 상승할 것으로 예상되면 환차익을 얻기 위한 환 투자도 생각해 볼 수 있다.

한국수출입은행이 매일 발표를 하는 환율 통계자료에 의하면 2018년 9월 21일의 환율은 1,110.9원을 기록하였다. 미국 연준의 금리 인상이 구체적으로 인상 쪽으로 무게중심을 잡아나가던 시점에도 외환시장은 큰 동요가 없었던 것이다. 또 9월 27일 미국 연준의 금리 인상 발표를 하루 앞둔 날의 원/달러 환율은 전 거래일의 1,115.3원보다 2.8원 내린 1,112.5원으로 장을 마감했다.

원/달러 환율이 미국의 금리 인상에 불구하고 안정세를 유지하고 있는 것은 여전히 미국 연준 내에 양적완화정책을 지지하는 비둘기파들의 영향력이 상당한 것으로 보여 진다. 더불어 완벽한 미국의 경기 회복이 전제되지 않은 상황에서 미국 연준이 추가적으로 금리 인상을 하는 것은 부담스러웠을 것이다.

앞으로 원/달러 환율은 약한 강세장 속에서 안정세를 보일 것이다. 따라서 당분간은 원/달러 환율이 1,100원대에서 움직일 것으로 예상된다. 현재의 원화는 달러화의 가치와 연동되고 있는데, 미국은 재정, 무역 적자 상황을 고려해서 달러 통화의 가치를 평가절하(환율의 인상)하려고 할 것이기 때문에 급격한 환율 상승은 없을 것이다.

그러나 미·중 간의 무역전쟁이 악화되거나 미국의 금리 인상이 급격하게 이뤄질 경우 세계의 금융자본이 미국시장으로 쏠릴 가능성이 커질 가능성은 있다. 이 경우에는 달러 강세로 원/달러 환율이 상승할 수 있다. 하지만 미국이 자국경제에 피해가 가지 않는 선에서 무역전쟁을 마무리할 것으로 예상되는 상황에서 큰 폭의 환율 상승은 없을 것이다.

지금 미국과 중국 간의 무역전쟁은 상호 감정으로 이해 치킨게임의 양상으로 변질되고는 있지만 현재 미국 대통령이 누구인가. 아주 교활하고 영리한 트럼프다. 그는 상술에 뛰어난 사람이기도 하지만 현실을 직시하는 자이기도 하다. 종국적으로는 미국이 손해가 날 행동은 취하지 않을 것이기 때문에 달러화 강세는 매우 제한된 프레임에 놓여 있다고 봐야 할 것이다. 따라서 미국 달러화의 강세로 인한 한국금리 상승은 매우 제한된 프레임에서 움직일 가능성이 높다.

1. 미·중 간의 무역전쟁, 요동치는 한국경제

시장금리의 이해와
회사채 투자

우리가 금리가 올랐네, 떨어졌네 하는 것은 무엇을 기준으로 말하는 것일까. 최근 들어 한국은행의 기준금리 인상 문제가 연일 언론의 기사에 집중돼서 실리다 보니 대부분의 일반인들은 그 기준점을 한국은행의 기준금리로 알고 있다.

한국은행의 기준금리는 정부가 독립을 보장한다고는 하지만 한국은행의 기준금리를 결정하는 금융통화위원회 9인 멤버 중 상당수가 정부가 임명한 사람들로, 정부의 거시경제 운용목표와 코드를 맞추는 사람들이다. 따라서 정부의 거시경제 관리목표가 한국은행의 기준금리에 절대적으로 영향을 미치고 있다고 봐야 한다. 따라서 한국은행의 기준금리는 정부의 경제목표에 코드를 맞추고 있다는 측점에서 일종의 정책금리 역할을 하는 것으로 봐야 한다.

그럼에도 한국은행의 기준금리가 투자자에게는 매우 의미가 있는 금리지표라고 말하는 것은 한국은행이 기준금리를 올리면 은행의 고유계정상품인 정기예금, 정기적금, 종금사의 발행어음, 상호금융회사의 모든 예금과 적금 상품들과 대출금리에 직접적으로 영향을 미치기 때문이다.

한국은행의 기준금리는 은행이 한국은행에 수탁하고 있는 RP(환매조건부 채권) 7일물을 기준으로 결정되기 때문에 한국은행의 기준금리 인상이 직접적으로 시중은행의 예금·적금 상품, 대출금리에 영향을 주는 것은 당연한 수순이다.

그렇다면 우리가 통상적으로 말하는 시장실세금리는 무엇을 가지고 말하는 것인가.

결론부터 말하면 증권시장 내에서 유통되는 국가가 발행한 채권을 통합관리하는 국고채 3년물을 시장실세금리 지표라고 말하는 것이다. 그러니까 우리가 금리가 올랐네, 떨어졌네 하는 말의 기준점은 시장실세금리를 말하는 것이고, 이 기준점이 바로 국고채 3년물의 유통수익률을 가리키는 것이다. 필자가 사회생활을 하던 당시에는 이 시장실세금리가 15% 수준이었다. 지금과 비교하면 거의 10배 정도 차이가 있었던 것이다. 그래서 우리가 이 시대의 금리를 보고 사상 초유의 저금리 시대가 도래했다고 표현하는 것이다.

당시의 시장실세금리 지표는 삼성, 현대자동차와 같은 우량기업이 발행하는 AAA등급의 우량회사채 3년 물을 기준으로 해서 그 유통수익률을 시장실세금리라고 하였다. 그러나 회사채는 전산화화는 과정이 용이하지 않고, 발행비용도 많이 든다. 따라서 현재는 반복적으로 발행이 가능하고 발행비용도 적게 들며, 더욱이 전산화 과정이 용이한 국고채 3년물이 시장실세금리 지표로 바뀌게 되었다. 그러나 AAA등급의 회사채 유통수익률과 국고채 3년물의 유통수익률은 거의 비슷한 금리 흐름을 보인다. 왜냐하면 AAA등급의 우량회사채나 국고채는 발행기관이 정부, 우량기업 등으로 투자안정성에 문제가 없기 때문이다.

채권의 발행금리 유통수익률은 투자안정성과 반비례하여 금리가 결정된다. 간단히 말해서 신용등급이 AAA등급의 회사채와 비교해 투자안정성이 크게 떨어지는 투자적격 최저등급의 BBB-등급의 회사채 간에는 매일 매일 시세가 달라지기는 하나, 현재는 2~3배 이상의 금리 차이가 난다.

그러니까 AAA등급 회사채의 오늘 수익률이 2.00%라고 하면 이보다 투자안정성이 떨어지는 BBB-등급의 회사채는 2~3배 높은 6%에서 8% 이상에서 유통수익률이 결정된다. 우리가 기준금리 1%의 시대에서 BBB-등급의 회사채에 투자를 하면 은행 예금과 비교해 적어도 3배에서 5배의 수익률을 얻을 수 있다고 말하는 것은 기업이 발행하는 회사채는 발행기업의 재무안정성에 따라 시장에서 결정되는 금리의 편차가 크기 때문이다. 그래서 저금리시장임에도 불구하고 금융투자로 은행 예금 이자의 몇 배라도 더 올리고자 한다면 기업이 발행하는 회사채에 투자하라고 말하는 것이다.

재테크 전문가들은 왜 금리상승기에 회사채에 투자하라고 말할까?

금리상승기에 채권을 사서 금리하락기에 채권을 매도하면 채권의 매매수익률이 높아지기 때문이다. 채권의 수익률은 금리와 반비례 관계에 있다. 금리가 높을 때 채권을 사서 금리가 낮아질 때 매도하면 채권수익률은 높아지고, 반대로 금리가 낮을 때 채권을 사서 금리가 높은 시점에 채권을 매도하면 채권의 수익률은 낮아진다. 그래서 채권은 금리상승기에 매입하여 금리하락기에 매도하면 수익률이 높아진다고 말하는 것이다.

그러나 채권의 거래 과정이 개인 투자자에게는 매우 고난한 일로, 실제 소액의 채권을 증권시장 내에서 데이트레이딩하기는 어렵다. 따라서 예금으로 치면 확정수익률 지급상품이라고 할 수 있는 회사채를 증권사가 장외시장에서 매입해 그들의 금융 몰에서 파는 물량에 직접 투자하면 소액을 가지고도 얼마든지 채권에 투자할 수가 있다.

증권사의 금융 몰에는 회사채뿐만 아니라 국고채, 다양한 ABS(유동화증권), CP(자유금리 기업어음)를 매입할 수 있음으로 소액의 투자자가 이자를 한 푼이라도 더 받기를 원한다면 증권사의 금융 몰 상품 리스트를 보고, 투자의 안정성과 수익률을 잘 저울질하여 원하는 상품을 선택하면 된다. 증권사마다 금융 몰에 올리는 상품이 각각 다르고 수익률도 천양지차이니, 가능한 많은 증권사의 금융 몰을 확인하여 나에게 이익을 안겨주는 상품을 선택하기 바란다.

회사채, 유동화증권 투자가 생소한 사람도 많을 것이다. 하지만 은행 예금 이자와 비교해 적어도 2배에서 3배 이상 이자를 더 준다는 사실을 알고 난다면 여러분도 회사채 투자의 맛에 길들여질 것이 분

1. 미·중 간의 무역전쟁, 요동치는 한국경제

명하다.

이제 은행을 떠나 증권사 금융 몰에서 기회를 찾기 바란다. 또한 금리상승기에 이 상품에 투자한다면 금리를 더 받을 수 있다. 금리가 낮아도 너무 낮다는 말만 하지 말고 이 와중에도 금리 0.1%라도 더 주는 상품을 적극적으로 찾아 나서자.

다음 표는 2018년 10월 15일 기준 주요재권 금리 지표이다.

| 2018년 10월 15일 시장금리 추이 |

채권금리	수익률(%)
국고채 3년물	2.05
AAA 회사채 3년물	2.37
A 회사채 3년물	3.03
BBB+ 회사채 3년물	6.05
BBB− 회사채 3년물	8.47
BB 회사채 3년물	10.71

(출처: 금융투자협회, 2018년 10월 15일)

앞에서 말한 대로 기준금리가 정부의 거시경제 지표 운용 방향에 코드를 맞추는 정책금리라고 한다면 시장실세금리는 외환시장의 동향, 채권 발행기업의 재무적 리스크, 주요 거시경제 지표 등을 포함시켜 증권시장 내에서 실시간으로 유통되고 있는 금리로, 살아 있는 금리라고 할 수 있다. 한국은행이 2017년 11월 기준금리를 1.5%로 동결한 이후 현재까지도 기준금리를 올리지 않고 있다.

그런데 앞서 나온 표를 보자. 한국은행의 기준금리는 1.5%에서 오르지 않고 있는데, 시장실세금리 지표를 대표하는 국고채 3년물(국가 발행국공채를 통합 관리하여 발행하는 채권)의 금리가 2.05%를 넘고, 투자 적격 최하 등급인 BBB-등급의 회사채 3년물(회사채는 3개월마다 이자를 지급하는 3년 이표채만 있다)의 금리(유통수익률)는 2018년 10월 15일 현재 8.47%로, 은행 예금이자의 4배가 넘는 다는 것을 확인할 수가 있다. 투자 위험이 매우 높은 투기등급의 BB+등급의 회사채금리는 10.71%다.

우리가 은행에 가서 신용대출을 받는 경우 은행은 개인의 신용등급을 10등급으로 나누고 등급이 떨어질 때마다 가산금리(스프레드)를 적용시키는 것처럼, 기업이 발행하는 회사채 역시 발행기업의 신용등급에 따라 18등급으로 나눈다. 신용등급 단계별로 유통수익률이 높아진다. 그러니까 발행기업의 리스크와 비례해서 금리(유통수익률)가 높아지는 것이다. 따라서 삼성전자, 현대자동차 같은 우량기업이 발행하는 회사채는 기준금리보다 1% 정도 높은 금리에서 유통이 되지만 이보다 신용등급이 크게 떨어지는 BBB-등급의 회사채의 유통수익률은 8.47%에 이르는 것이다.

채권은 금리상승기에 투자하지 않아도, 증권사들이 장외시장에서 매입한 채권을 증권사의 금융 몰에서 소액으로 투자할 수가 있다. 또 채권을 증권시장 내에서 직접 데이트레이딩하는 경우에는 금리상승기에 투자해 금리하락기에 매도하면 매매차익을 얻을 수가 있다. (증권시장에서의 채권 투자는 거액을 운용하는 기관들이 중심세력이다 보니 개인이 소액으로 거래하기 어려운 점이 있다. 따라서 소액을 투자하는 개인은, 증권사가 장외거래로 확보한 물량을 해당 증권사의 금융 몰에 가서 채권리스트를 보고 자신에게 적합한 채권에 투자하는 것이 가장 편리한 방법이다.)

앞선 자료에서 보듯이 투기등급의 회사채에 투자를 하면 10% 이상의 수익률을 올릴 수가 있지만 현재 발행되고 있는 모든 회사채는 지급보증이 안 되기 때문에 발행기업이 부도가 나면 원금 손실이 발생할 수 있다. 따라서 고수익만을 쫓아 언제 부도가 날지 모르는 투기등급의 채권에 투자하는 것은 신중히 결정해야 할 문제다.

왜 투기등급의 채권을 정크Junk(쓰레기)채라고 하겠는가. 발행기업이 부도가 나면 곧장 쓰레기장으로 가야 하기 때문이다. 투자, 고수익을 노리는 것은 좋은 일이지만, 항상 리스크 테이킹에 유의해서 투자해야 오래 살아남는다.

당신의 노후를 잡아먹는
민간연금과 펀드

우리는 도시생활의 바쁜 일상을 뒤로하고 주말에는 휴식을 위해 도시 근교에 있는 고급형 민박업소인 펜션을 찾는다. 그런데 펜션과 노후를 위해 저축하는 연금이 동의어라는 사실을 알고 있는가. 우리가 고급 민박업소라고 부르는 펜션과 민간 금융회사가 운용하는 연금 상품은 원어로 'Pension'이다. 영국의 은퇴자들이 퇴직 후 시골에서 관광객들을 대상으로 민박집을 운영하면서 나오는 숙박비를 가지고 노후생활을 시작한 것에서 펜션이라는 말이 유래가 됐다고 한다. 따라서 노후생활의 생명줄 같은 돈이라는 측면에서 고급 민박집을 뜻하는 펜션과 민간연금을 뜻하는 펜션은 같은 의미를 갖는다.

현재 우리나라 민간 금융회사에서 판매하고 있는 연금상품 가입 총액은 정부 1년 예산의 4배가 넘는 1,300조 원에 이른다. 금융회사는 운용수수료만으로 막대한 이익을 올리고 있다. 은행의 2018년 상반기 영업이익이 20조 원이 넘고 직원들의 평균급여가 1억 원에 이르고 있는 것은 은행이 전통적인 고유계정 상품의 예대마진으로 돈을 버는 것이 아니라 신탁이나, 방카쉬랑스, 펀드 위탁 판매 같은 무위험 상품의 판매 증가로 이뤄진 결과이다. 은행은 이들 상품에 대한 운영 및 결과에 전혀 책임을 지지 않는다. 손실이 발생할 경우에도 꼬박꼬박 수수료는 챙긴다.

그런데 정작 자신의 생명줄 같은 돈을 맡긴 투자자의 현실은 어떠한가. 민간연금의 연간운용 수익률은 여전히 0%대로 시간이 지날수록 물가상승률과의 격차는 심해지고 있다. 이런 상황이라면 민간연금이 개인의 노후생활을 위한 것이라는 목적에서 벗어나 은행, 자산운용사, 증권사, 보험사 등 민간연금을 판매하는 금융회사만 점점 더 배부른 돼지로 만들어주는 결과가 된다. 펀드의 운용수익률이 떨어져 개인 투자자는 원금 손실을 걱정하고 있지만 펀드수익률이 떨어지고 말건 운용수수료를 꼬박꼬박 떼어가는 펀드회사와 보험사는 고객의 피눈물 같은 돈으로 도시의 중심가에 그들만의 거대한 성을 쌓고 있다.

자본주의는 제도를 장악하는 자가 승리하는 게임이다. 금융자본들은 그들의 막대한 자금으로 정치권에 로비해 금융제도를 자신들에게 유리하게 만들어왔다. 그래서 20세기 자본이 만든 최고의 상품은 펀드라는 말이 생겨난 것이다.

펀드의 운용 결과는 모두 개인 투자자에게 떠넘기고, 투자원금이

깨지던 말던 수수료만 챙겨가는 펀드 운용 시스템. 과연 이것이 정의로운 일인가. 그래도 투자원금 대비 수익률이 높다면 누가 뭐라 하겠는가. 그러나 연금, 펀드의 수익률이 시장의 평균을 상회한 적이 없다. 그래서 민간연금, 보험사, 은행에 가서 연금에 가입하고 펀드에 투자하는 사람들만 호구가 되는 것이다.

저금리의 시대에는 펀드나 신탁 상품에 간접투자하는 것이 낫다고 말을 하는 것은 금융자본과 악어와 악어새의 관계에 있는 언론이 만들어낸 대중조작일 뿐이다. 간접투자해서 자신의 돈을 책임지지 못하고 남에게 의탁하는 것은 아무리 저금리 시대라고 해도 해서는 안 되는 일이다. 투자자 스스로 투자역량을 키워 투자 결과에 책임을 지는 직접투자가 우리가 가야 할 투자의 길이다.

아무리 저금리 시대라고 해도, 간접투자로 수수료만 날리는 것보다 연금, 펀드의 수익률과 비교해 최소한 그 2배의 수익률을 올리는 투자적격 회사채, 저가의 소형 오피스텔에 투자해 월세를 받는 직접투자가 당신의 노후를 지켜줄 것이다. 원금이 손실이 나건 말건 수수료만 떼어가는 연금과 펀드에 투자한다면, 그 상품들이 당신의 노후를 잡아먹을 것이 확실하다.

우리의 문제는 우리가 금융자본의 반대의 포지션에 서서 투자를 하건만 우리는 항상 그들처럼 생각하고 그들의 여론조작에 넘어가 그들의 이익에만 충실히 기여하는 투자를 한다는 것이다.

필자는 개인적으로 원금 손실이 발생해도 수수료를 꼬박꼬박 떼어가는 펀드와 연금에 간접투자하느니, 금고를 사는 데 돈은 들겠지만

1. 미·중 간의 무역전쟁, 요동치는 한국경제

차라리 집 안방에 금고를 모셔두고 여기에 돈을 보관하겠다. 오죽하면 내가 이런 말을 하겠는가.

금융위기 당시에 선물환이 무슨 말인지도 모르고 창구 직원의 감언이설에 속아 키코라는 선물환 파생상품에 투자해 원금을 거의 다 날린 사람들이 얼마나 많았는가. 이 내용은 얼마 전 TV에 피해자 당사자인 어른과 딸이 하소연하던 실제 사례이다. 필자는 이 방송을 보고 피해자의 입장을 전혀 생각하지 않은 몰염치한 판매상술에만 능한 직원들을 탓하지 않을 수가 없었다.

대한민국 국민 대부분은 변액보험, 변액연금보험, 파생상품 등 펀드 관련 상품에 투자해서 원금 손실이 발생해 피눈물 같은 돈을 눈 뜨고 날린 경험이 거의 한 번씩은 있을 것이다. 그래서 펀드라는 상품을 20세기가 낳은 최고의 상품이라고 하는 것이고, 이렇게 말하는 근저에는 투자자의 피눈물이 있다.

환율과 금리의 변동을 이용한
지혜로운 생활 재테크

세계시장에서 유통되는 자금 100조 억 달러 중에서 실물경제를 움직이든 돈은 2%에 불과하고 98%가 금융자본이라고 한다. 이 말을 다시 해석하면 현재의 세계경제는 탐욕스런 메가 뱅크들이 유동성 버블을 만들면 언제든 혼돈의 장으로 별할 수 있다는 것의 방증이다, 그렇다. 우리가 사는 세상에서 금융위기가 수시로 발생하고 그 발생시점마다 세계경제가 고통받는 일은 이제 다반사로 일어나고 있다.

IMF 외환위기 당시 국가경제가 거덜 나는 판에 금융위기의 공포에 맞서 똥값으로 떨어진 우량회사채, 우량기업의 주식, 핵심지역의 부동산을 쓸어 담아 일생일대의 부를 일군 사람을 우리는 많이 보아 왔다. 금융위기가 오면 국가, 기업의 재무 리스크가 급등하여 환율과 금리가 폭등하는 것이 일반적이다.

2008년 미국의 메가 뱅크들의 탐욕이 불러온 소위 서브프라임 모기지론 금융위기 당시에도 우리나라는 환율이 폭등하고 금리가 고공행진을 하는 경험을 하였다. 이 시기에 시장참여자 모두는 공포에 떨며 우량자산을 투매하기 바빴지만, 그들이 시장에 헐값에 매각한 우량자산을 쓸어 담았던 사람들은 일생일대의 부를 거머쥐었던 것이다. 그래서 금융위기가 오면 대한민국의 부가 재편된다는 말을 하는 것이다.

환율, 금리는 시장의 펀더멘탈, 내재적 가치에 변동이 없음에도 자산의 가치를 뒤흔들어 넣는다.

2018년 하반기 이후 인구절벽, 지방 부동산의 몰락에도 불구하고 서울 집값이 정말 미친 듯이 올랐다. 사람들은 이 현상에 대해 서울은 수요에 비해 공급물량이 적어 수요와 공급 간의 미스매칭이 불러온 현상으로 보았다. 그러나 정부의 9.13 규제조치와 9.21 수도권 공급 확대 정책이 나왔지만, 그때만 잠시 조정 흐름을 보였을 뿐 서울 집값은 이제 강남의 핵심지역을 넘어서 서울의 비고가, 비소형, 비재건축, 비강남 아파트에 이르기까지 풍선효과가 나타나고 있다.

전국적으로 입주물량의 과다, 지방 부동산의 몰락 현상에도 불구하고 서울의 집값만 미친 듯이 오르는 것은 세계적인 저금리와 이에 따른 과잉유동성을 이용해 부자들이 그나마 안정된 서울 부동산에 투자했기 때문이다. 그런데 원인을 엉뚱한 곳에서 찾았으니 부동산시장이 현 정부의 발목을 잡고 있는 것이 아니겠는가. 이번 서울 집값 폭등에 대해서 정부만 질책해서는 안 되는 것이 이번 서울 집값의 폭등은 세계적인 저금리 현상과 과잉유동성이 만든 버블에 의한 것으로, 정부 정책의 잘못 때문은 아니다.

　필자가 말하고 싶은 것은 실물자산의 투자에 있어서 상품의 가격을 결정하는 것은 상품의 내재적 가치 이상으로 금리, 환율의 변동이 영향을 미친다는 것이다. 그래서 환율, 금리의 이해는 우리의 지혜로운 재테크를 위해서 중요한 것이다.

　2018년 초 원/달러 환율이 1,050원대에서 2018년 10월 11일 1,140.4원까지 올랐다. 해외에 있는 자녀에게 유학비를 보낸다고 가정을 하면 2018년도 초에는 1,050만 원을 달러화로 바꿔 송금하면 1,000달러를 송금할 수 있었다. 그러나 1년이 지난 2018년 10월 11일에는 1,000달러를 송금하기 위해서는 원화로 1,140만 원이 있어야 한다. 따라서 같은 1,000달러를 송금하는데 환율의 변동으로 90만 원을 더 보내야 하는 것이다. 이렇게 해외유학생 자녀를 둔 부모, 해외여행을 계획하는 사람들은 원/달러 환율의 변동으로 손실도, 이익도 볼 수 있다. 필자가 말하고자 하는 것은 이제는 환율의 변동을 이용한 생활재테크가 중요한 시대가 되었다는 것이다.

　한국은행이 기준금리를 곧 올릴 것으로 예상하고 있다. 그렇다면 한국은행이 금리를 올리는 것을 가정해 우리의 재테크는 어떻게 해야 하는가. 금리가 오른다고 가정하면 대출을 받더라도 가입시점의 금리가 만기까지 확정되는 고정금리 대출상품을 이용해야 가입 후 금리가 오르더라도 손해가 없다. 금리가 오른다는 것은 확정금리 예금

　　　　　　　　　1. 미·중 간의 무역전쟁, 요동치는 한국경제

상품의 금리가 오른다는 것이니 만약 은행권의 예금상품에 투자를 할 사람은 금리 인상이 확정된 후 가입하면 금리를 더 받는 효과가 있다.

이제 꼭 금융위기 상황이 아니더라도 환율, 금리의 변동이 우리의 생활 재테크에 미치는 영향은 현저히 커진 것이 사실이다. 개인의 가처분소득을 합법적으로 늘려주는 수단은 재테크밖에는 없다. 성공하는 재테크를 위해서라도 우리는 환율, 금리의 변동을 이용해 경제적 이익을 도모해야 하는 시대가 왔다.

금리, 달러, 유가 삼중고의 시대가
오고 있다

2018년 말 한국경제는 미국 연준의 금리 인상과 달러강세, 원/달러 상승, 유가 상승이라는 3중고의 시대를 맞이하고 있다. 미국 연준의 의장인 제롬 파월은 강달러정책을 표방하며 달러강세를 부추기는 형국이다. 최근 발표된 미국경제 지표의 호조로 미국 국채금리가 상승하면서 우리나라의 증시는 위험자산에 대한 회피심리로 주가가 떨어져왔다. 하락장이 있으면 상승장이 오는 것이지만 증시하락장이 생각보다 길어질 수 있다는 것을 시장참여자 모두 걱정하고 있다.

이 와중에 국제유가는 미국이 원유재고가 증가하고 있다고 발표했음에도 불구하고 최근 4년간 가장 높은 70달러대(2018년 10월 10일 기준)를 유지하며 가파른 상승세를 이어가고 있다.

미국과 무역전쟁을 겪고 있는 중국마저 상하이종합지수가 하락하면서 이러한 3중고가 세계경제를 깊은 수렁에 빠지게 하는 것이 아니

1. 미·중 간의 무역전쟁, 요동치는 한국경제

냐는 우려감을 증폭시키고 있다.

유가 상승과 강달러, 미국금리의 상승은 한국경제에 고비용 구조를 가져와 국내 수출상품의 원재재 가격을 높여 결국 우리 수출상품의 가격경쟁력을 떨어뜨릴 수가 있다는 점에서 한국경제와 국내증시에는 분명한 악재다.

2018년 9월 28일 미국 연준의 금리 인상과 이로 인한 한국은행의 금리 인상이 예고되고 있는 시점에서 한국은행의 금리 인상이 실제로 단행된다면 이는 국내증시에 악재로 작용할 것이 분명하다.

주식시장에서 2018년 초 미국의 금리 인상이 국내증시의 주가 하락으로 이어졌던 일을 복기해보면 한국은행의 금리 인상은 국내증시에 큰 부담 요소로 작용할 것이다. 이 흐름은 경기가 호전되고 있는 미국의 증시보다 우리나라를 포함한 소위 이머징 마켓이라고 부르는 신흥시장의 증시에 더 큰 부담으로 작용할 것이 분명하다. 2018년 1월 초까지 높은 상승장을 연출했던 국제증시 역시 미국의 추가 금리 인상 여부에 따라 먹구름이낄 수도 있음으로 향후에 진행되는 금리 인상 흐름을 주의 깊게 지켜보고 미래의 포트폴리오 투자전략을 구성하기 바란다.

검은 목요일의 주가 폭락,
어떻게 대응할 것인가

　　　　　　　　세계증시에서 가장 큰 사건은 1987
년 10월 19일 뉴욕증시에서 그날 하루만에 22.6%나 주가가 빠져 시
장을 공포와 두려움에 빠트린 소위 블랙 먼데이Black Monday 사건이었
다. 이를 빗대서 2018년 10월 11일의 환율 급등, 주가 폭락을 언론이
부풀려서 기사로 내보낸 타이틀이 '검은 목요일'이었다. 사실 검은 목
요일의 주가 하락, 환율 상승의 문제는 블랙 먼데이에 비교할 만큼 큰
사건은 아니었다. 언론이 자극적으로 기사 제목을 뽑는 과정에서 조
작되고 확대된 측면이 있다.

　사람의 심리적 요인이 주가 결정에 많은 영향을 미치는 증권시장
에서 대중을 향한 과장된 표현은 실제 이상으로 부풀려져 공포에 질
린 투자자의 투매를 유도한다. 펀드의 유동성이 금융시장을 지배하는
현실의 상황에서 그들은 그들의 이익을 최고화하기 위해 위기를 부풀
리고 조장하는 측면이 있다.

2018년 10월 11일, 과연 무슨 일이 있었는가를 복기해 보는 것이 매우 중요하다. 그 이유는 현재 세계경제의 흐름과 2019년 이후의 환율, 금리 예측에 지대한 영향을 미칠 것이기 때문이다. 언론이 검은 목요일이라고 표현했던 2018년 10월 11일, 주가가 폭락하면서 원화가치가 1년 만에 최저치로 하락해 1,144.40원으로 장을 마쳤다.

원화의 가치 하락(환율의 인상)은 외국인들의 자본 유출과 관련이 깊다. 미국과 한국 간의 금리 차이가 커지는 상태에서 원화가치의 하락 현상은 셀 코리아 현상을 가속화시킬 수 있기 때문이다.

원화가치가 하락한 것은 위험자산에 대한 회피심리가 국제금융시장 전반적으로 컸기 때문이라고 할 수 있다. 2018년 10월 10일 미국 증시의 폭락은 아시아증시의 폭락으로 이어졌고, 상대적으로 리스크가 높은 원화의 가치를 하락시켰다.

2018년 10월 11일 하루 동안 외국인은 코스피시장에서 5,000억 원에 가까운 주식을 투매하였고, 코스피지수는 이 영향으로 전일 대비 4.44%(98.94포인트) 하락한 2,129.67포인트로 장을 마쳤다. 코스닥시장은 이보다 더 떨어져서 5.37%(40.12포인트) 빠진 707.38포인트로 장을 마쳤다. 이는 2016년 2월 12일에 6.06% 하락 이후 하루 동안의 최대 낙폭치다. 이 기간 동안 주가의 하락만큼 원화의 상승도 급격하게 진행됐다.

10월 1일에 1,111.8원이었던 원화는 10월 4일에는 1,129.9원으로, 다시 10월 10일에는 1,134.0원에서 10월 11일에는 1,144.4원으로 올랐다. 이렇게 원화가 가파르게 상승하다 보니 사람들은 원화의 상승이 언제 멈출 것인가에 큰 관심을 가지게 되었다. 개인적인 생각으로는 상승 국면이 당분간은 이어지겠지만 1차 저지선은 1,160원대로 보고 있다. 그 이상 오르면 한국은행은 선제적 금리 인상에 나서지 않을 수 없을 것이다.

　필자는 주가가 급 폭락한 이후에 그 원인을 두고 후행 지표에 불과한 기술적 지표로 이를 설명하는 것은 말장난에 불과하다고 생각한다. 시장에서는 소위 검은 목요일의 환율 급등, 주가 폭락을 두고 전일에 있었던 미국증시의 폭락, 중국과의 무역 적자 확대, 미·중 간의 무역전쟁과 달러화의 강세, 미국경제의 불확실성, 시장의 공포심리, 시카고 연방은행 총재의 미국경제 성장률에 대한 회의감 표명으로 나타난 결과라고 한다.

　그런데 앞에서 제기한 문제들은 이미 다 시장에 노출된 카드이지 않은가. 중간 선거를 앞두고 미국증시가 폭락하자 트럼프는 금리를 올린 미국 연준을 맹비난했다. 2018년 9월 28일 미국 연준의 금리 인상이 0.25%의 소폭 인상에 그쳤다는 것을 알면 문제의 번지수를 잘못 찾았다는 생각이다.

　필자는 위에 제시된 문제가 다 맞아도 이번 검은 목요일의 주가 폭락은 시장 참여자의 공포 심리가 실제 이상으로 영향을 미쳤기 때문이라고 본다. 따라서 투자자에게는 두 가지의 투자방향을 제시할 수 있다. 검은 목요일의 주가 하락을 우리경제의 구조적 문제에서 찾아 투매에 동참할 것인가. 아니면 펀더멘탈에는 문제가 없는 상태에서 세계 자본시장의 영향으로 투자자들이 일시적으로 빠진 것으로 해석해 단기간에 반등할 것이 확실함으로 오히려 주가가 떨어진 틈을 이용해 주식을 더 매입할 것인가이다. 장기적 관점에서 2019년의 주가는 우상향의 기울기를 보이면서 2018년 초의 주가를 회복할 것이라고 믿고 있지만 주식시장이라는 것이 어디 내 마음대로 움직여 주던가.

여러분이라면 어느 쪽에 이니셔티브를 두고 전략을 짤 것인가. 이 글을 쓰는 이 시점에도 앞으로의 상황은 모른다. 그러나 필자라면 낙폭이 컸던 어닝 서프라이즈가 기대되는 우량종목 중심으로 오히려 주식 매입을 늘려 나갈 것이다. 이유는 복잡하게 따질 것도 없이 세계의 경제위기 카드가 이미 다 노출된 마당에 더 이상 투자 리스크는 확대 재생산되지 않을 것이고, 지금의 금융시장의 혼란 정도가 2008년의 금융위기와 견줄 정도로 심각한 수준이 아니기 때문이다. 일시적으로는 주가 하락은 더 있을 수 있지만 시간이 주가를 끌어 올릴 것이고, 주식시장에서 이런 가격 패턴은 항상 반복돼왔다. 공포를 두려워하는 자는 실패할 것이고, 남들이 공포에 쩔어 있는 순간에 소수의 입장에서 투자하는 사람은 항상 큰돈을 벌어왔다. 이 투자의 역설을 기억한다면 여러분이 어떻게 투자 방향을 설정할 것인지에 대한 결심이 섰을 것으로 생각한다.

최근의 주가 하락으로 손해를 본 사람들은 매우 마음이 아플 것이다. 그분들에게 위로의 말을 드리면서 이것이 투자의 끝이 아니라는 점에서 희망의 메시지를 드리고자 한다. 시장이 폭락하면 자신이 서 있는 포지션에 따라 비관론과 낙관론이 교차하는 것은 당연한 수순이다.

사실 그동안 한국증시는 900포인트에서 2,600포인트까지 상승해 오면서 기업의 내용에 비해 고평가된 종목이 많았었다. 따라서 그 가격 주고 살 만한 매력적인 종목도 없었다. 그러나 이렇게 주가가 빠져주면 매력적인 종목을 싼 가격에 살 수 있는 호기가 된다.

신자유주의 경제시스템을 다른 버전으로는 펀드자본주의라고 말한다. 투기펀드들은 자본의 확대 재생산을 위해 지속적으로 인플레이션을 유발시킬 수밖에 없다. 이렇게 해서 버블화된 자산의 가치는 주식, 부동산의 가격을 장기적으로 상승시켜왔다.

주식투자에서 주식투자의 변동성을 극복하고 성공하는 최선의 방법은 시간을 지배하는 것이다. 최근에 주가가 하락하고는 있지만 몇 년이 지나 시장을 되돌아보면 이 또한 지나가는 과정이라는 것을 항상 깨닫게 만든다.

따라서 체력을 키워 이 시간을 버티면 된다. 그러나 그렇게 못하고 벌벌 떠는 이유는 신용융자를 극대화해서 주식을 샀기 때문에 주가가 조금만 출렁거려도 신용융자가 투자원금을 잡아먹는 왝더독 현상이 발생할까 두려워하기 때문이다. 여유자금으로 투자했다면 이 시점은 주식 물량을 늘려야 하는 시점이지 투매해야 하는 시점이 아니다. 레버리지의 비중이 높을수록 약간의 주가 하락에도 가슴이 벌렁벌렁 해지는 것이다.

미국이 금리를 올리고 원/달러 환율이 상승하면 물가와 시장금리도 올라가 가계부채에 독이 된다. 금리가 올라가면 가계부채가 문제가 된다고 하지만 가계부채가 GDP 대비 100%까지는 문제가 없다. 가계부채가 무서운 것은 미국의 금융위기처럼 은행이 부실화될 걱정을 하기 때문이다. 미국의 금융위기 당시에는 미국의 은행들이 저신용자에게까지도 주택 담보의 100% 이상의 모기지론을 대출해줘서 문제가 된 것이다. 그러나 현재 우리나라 은행들의 LTV, DTI 운용은 금융위기 당시의 미국은행과 비교해 매우 철저하게 운용된다는 점에서 가계부채가 은행들의 부실화를 촉진시켜 금융위기로 이어진다는 가설은 현실화될 가능성이 거의 없다. 이 부분은 필자도 장담할 수 있다.

그리고 미국증시가 하락하였다고는 하지만 몇 년 전부터 장기간 미국주식에 투자해온 사람들은 이미 100% 이상의 시세차익을 실현했기 때문에 미국주식이 5%에서 10% 정도 하락했다고 해도 전혀 동요하지도 않는다고 한다.

주식과 부동산 모두 종목을 사는 것이 아니라 시간을 사는 것이라는 말이 있지 않은가. 아무리 핵심지역의 부동산이라도 상투에 사면 먹을 것이 없는 것처럼 주식도 마찬가지다.

이번 주가 폭락에 피해를 본 사람들은 매우 마음이 아플 것이다. 그러나 이것이 투자의 속성 아니겠는가. 이럴수록 시장을 냉정히 바라보고 다음 투자 방향을 모색해야 한다. 혼란의 시장이지만 기회는 많다.

1. 미·중 간의 무역전쟁, 요동치는 한국경제

2

환율과 금리의 변동과 위기 대응 시나리오

2018년의 투자공간에서 환율의 변동을 복기해 본다

2018년 1월 원/달러 환율은 최저점을 기록하였다. 따라서 그 시점에 나오는 주된 화제는 과연 원/달러 환율이 언제쯤 세 자리 수의 시대가 열리나 하는 것이었다. 그러나 2018년 11월 우리는 이제 원/달러 환율 세 자리수를 언제 기록하느냐의 관점을 떠나서 미국의 금리 인상과 강 달러 흐름으로 원/달러 환율 1,200원대 시대를 걱정하게 됐다. 시장은 이런 것이다. 우리가 아무리 정교하게 시장을 예측한다고 해도 우리의 답안지에 들어 있지 않은 돌발 변수로 인해서 시장은 항상 요동친다.

현재 우리나라의 수출을 주도하는 산업은 반도체와 IT 산업이다. 전체 수출액에서 반도체 단일 상품이 차지하는 수출비중이 17%다. 이 사실이 말해주는 것은 수출은 호경기라고는 하지만 이는 일부 사업에 편중된 것으로, 수출기업 간에도 양극화 현상이 벌어진다는 것

2. 환율과 금리의 변동과 위기 대응 시나리오

이다.

이 사실은 주식시장에서도 심히 영향을 미쳐 업종 간, 기업규모에 따라 주가 양극화 현상이 심해지고 있다. 이에 더해서 주식시장에서도 기관, 외국인세력 대 개인 간의 투자수익률도 양극화되고 있다. 저금리로 인해 개인의 주식 투자 비중은 크게 증가하였지만 수익은 기관과 외국인세력이 독점하는 슬픈 현실이 벌어지고 있다. 이는 애써죽 만들어서 개 주는 꼴이다.

기관과 외국인세력 대 개인 간의 수익률이 크게 차이나는 이유는 그들의 실력이 압도적으로 우위에 있어서가 아니다. 노력하는 개인투자자들 중에서는 시장평균을 상회하는 수익률을 달성하는 사람들이 얼마나 많은가. 노력하자. 그리고 공부를 게을리하지 말자.

현재 우리경제의 키워드는 심각해지고 있는 양극화 문제다. 수출경기가 호황이라고 하지만 경제실적(누구의 관점이냐에 따라 반대의 시각이 존재하지만)의 결과로 나타나는 원화의 강세, 환율의 하락으로 중소기업들은 수출을 할수록 영업 손실이 누적되고 있는 형국이다.

그리고 수출시장과 다르게 내수시장은 인구절벽, 고령화 사회로 진입하면서 불황이 이어지고 있다. 자영업자들은 최악의 상황으로 내몰리고 있다. 1인당 국민소득이 3만 달러를 넘는다고 하지만 이를 체감하는 국민이 얼마나 되겠는가. 이런 상황에서 환율이 계속 하락한다면 그나마 한국경제를 지탱해왔던 수출기업이 입을 타격은 엄청날 것이다. 그러나 다행히 미·중 간의 무역전쟁, 미국 연준의 금리 인상으로 다시 원/달러 환율은 상승하고 있다.

근래에 벌어지는 원/달러 환율의 변동에 대해 2017년의 언론의 기사를 보면 매우 고정된 견해와 사고를 가지고 있다. 그들은 최근의 원화강세(환율 하락, 원화가치의 상승으로 평가절상이라고 함)는, 수출경기의 호황으로 흑자 폭이 커지고, 한국증시의 미래를 낙관적으로 평가하는 외국인세력의 투자가 늘고 있기 때문에 발생한 것이라고 한다. 더불어 2017년 11월 15일 캐나다와 무제한 통화스왑을 체결한 것과 남북 대치상황이 평창올림픽을 계기로 일시적이나마 유화국면으로 전환됐고, 한동안 한국경제를 압박해오던 중국의 사드배치를 둘러싼 무역보복조치가 일단락됨으로써 한국의 대외신임도가 올라간 것도 영향을 미쳤을 것이다.

여기까지는 모두가 잘 알고 있는 내용이다. 그런데 이렇게 표면적으로 드러나는 환율 하락의 이유보다 더 근본적인 이유는 없을까? 환율은 오를 수도 있고 또 내릴 수도 있는 것이다. 그런데 환율 하락은 표면적으로 드러나는 요인 이상으로 이것이 상수화될 가능성이 높다는 것이고, 이것의 배경에는 2008년 금융위기 이후 세계 각국의 통화정책이 깊숙이 개입되어 있다는 점을 알아야 한다. 그러면 현재의 환율 하락이 경기 순환과정에서 나타나는 일시적인 현상이 아니라는 점을 알 수가 있다.

따라서 환율 하락의 구조적인 배경은 양적완화정책을 처음으로 시작한 미국에서 찾아야 한다. 미국은 월가의 메가 뱅크들의 탐욕에 의해서 발생한 금융위기를 막대한 공적자금을 풀어 해결하는 과정에서 엄청난 재정 적자를 떠안아야 했다.

이 문제를 해결하기 위해 미국 정부는 직접 시장에서 국채를 매입해 달러를 시장에 대량 방출하는 방법으로 문제를 해결해 왔다. 이렇게 풀린 미국 달러가 달러화의 약세로 이어지고, 원화의 가치가 구조적으로 상승하는 상황을 조성시킨 것이다. 환율은 우리나라만 하락한 것이 아니다. 주요 경제 6개국 통화 역시 달러화 대비 자국통화의 가치가 올랐다. 2018년 말 환율이 다시 상승하고 있는 것은 위에서 말한 경제 흐름과 반대 흐름을 보이고 있기 때문이다. 아직 미국의 경기가 완전히 회복된 것은 아니라서 미국 연준 내의 양적완화정책을 지지하는 비둘기파의 입김이 여전한 것은 맞으나, 2018년 미국 연준은 3차례의 금리 인상으로 강 달러 흐름을 예고하고 있다. 또 이 연장 선에서 원/달러 환율이 2018년 초와 다른 상승 흐름을 보이고 있는 것이다.

달러 유동성이 단기간에 축소되지 않을 것임으로 미국 연준의 기준금리 인상 역시 더디게 진행될 것으로 보여 진다. 실제 그러했다. 그러나 미국이 금리 인상으로 강 달러에 대한 의지를 보여주었기에 현재 원/달러 환율이 상승하는 것이다.

미국은 언제든 기회만 되면 재정수지 적자폭을 줄이고 싶어 한다. 미국은 지난 40년간 단 3차례만 경상수지 흑자를 기록한 만성 적자 국가이다. 그러나 미국은 트럼프 집권 후 달러 약세, 국내 산업 보호 정책 등, 반 시장적인 정책을 통해 자국의 경제를 살리고 일자리를 늘려 자신의 지지기반을 확장하는 정책으로 일관하고 있다.

결론적으로 말해서 원/달러 환율 변동의 배경에는 미국의 영향이 크다.

미국 정부가 2018년 초까지 약 달러정책을 고수할 수 있었던 것은 만성 적자 국가이면서도 기축통화국이라는 지위를 놓치지 않기 위해서 통화를 조작했기 때문이다. 미국은 그들의 무역수지 적자 중 50%를 차지하는 중국을 향하여 환율조작국이라고 규정짓고 중국을 향한 무역전쟁을 선포하고 있다.

그러나 잘 생각해 보자. 과연 어느 나라가 환율조작국이었는지를. 미국은 2008년 금융위기 당시 금융위기의 주범이었던 미국의 메가뱅크들에게 막대한 공적자금을 지원하면서 발생한 재정 적자를 통화확대정책인 양적완화정책으로 해결해왔다. 미국은 기축통화국으로, 자국의 이익이 되는 한에서 무제한으로 달러를 발행할 수 있는 국가다.

이 과정에서 통화가 팽창하면 무슨 일이 발생하겠는가. 달러의 환율이 상승하게 되는 것이다. 이것이야 말로 미국이 자국의 이익을 위해 환율을 조작한 것 아니겠는가.

친미성향의 경제학자들은 이번 미·중 간의 무역전쟁에서 중국이 불리하다고 말을 하고 있다. 그 이유는 우선 중국경제에서 많은 비중을 차지하고 있는 지방은행의 재무 안정성이 취약해 미·중 간의 무역전쟁이 본격화하면 큰 타격을 받을 것이라고 말을 하면서, 통계에 잡히지 않는 소위 그림자금융이라고 하는 유동화증권 발행액이 생각보다 많다고 지적한다. 그러나 정작 그림자금융을 가지고 장난치다가 금융위기를 몰고 온 나라가 어느 나라인가. 바로 미국이다. 그리고 중국은 OECD 회원국도 아니라서 정부가 나서서 외화유출을 강제로 막을 수도 있는 나라다.

우리가 미국의 시각에서 미·중 간의 무역전쟁을 바라보기 때문에 마치 중국의 잘못으로 시작된 것처럼 보인다. 하지만 사실 미·중 간의 무역전쟁은 자신들의 무역 적자를 항구적으로 막기 위해 미국이 먼저 도발한 것이다.

이 과정에서 중국에 생산기지를 두고 있는 우리나라도 피해를 보는 것이다. 최근 환율이 요동치는 것도 따지고 보면 미국이 먼저 도발한 무역전쟁의 영향이 크다. 그렇지 않다면 2018년까지도 원화 하락 장세였던 것이 미·중 간의 무역전쟁이 본격화되면서 상승장세로 바뀌지 않았을 것이다. 2018년 원/달러 환율은 꾸준히 상승해 2018년 10월 초 1,140원까지 올랐다. 아마도 앞으로 큰 변수가 나타나지만 않는다면 2019년에도 이 흐름이 지속되리라고 보여진다.

환율이 변동되는 것에는 경제적 요인뿐 아니라, 국제정치적 역학 관계도 크게 작용한다. 단순히 수출이 늘고, 외국인 자금이 유입되어 원화의 통화량이 늘어나는 것만으로 원화 강세가 이어진다는 것은 사안을 너무 단순화시켜 보는 것이다.

미국은 서브프라임 모기지론 사태가 불러온 금융위기 이후 지속적인 양적완화정책을 추진함으로써 막대하게 풀린 달러를 회수해야 한다. 만약 이를 방치한다면 미국은 엄청난 인플레이션 상황에 직면할 수 있기 때문이다.

서두에서 밝혔듯이 2018년 초 표면적으로 드러난 원화 강세의 배경은 반도체를 중심으로 한, IT 업종, 대기업의 수출이 증가한 것에 있다. 정부가 인위적으로 외환시장에 개입하지 않는 한 이 시기의 환율 하락은 자연스러운 것이었다.

세계적으로 준 기축통화의 하나로 평가받고 있는 캐나다 달러와 무제한과 무기한의 조건으로 돈을 빌릴 수 있는 통화스왑협정을 맺은 것은 대외신임도를 높이고 코리아 디스카운트 현상을 완화시키는 데 일조하였다.

문재인 정부의 환율정책이 수출대기업을 위한 고환율정책을 추구했던 전 정부와는 다른 외환정책을 지지하는 것도 원화 강세의 배경 중 하나라고 할 수 있다.

트럼프 정부는 환율 하락을 막으려는 정책을 용납하지 않고 있다. 따라서 우리나라는 외환시장에 정부가 직접 개입해서 환율을 조작하기는 어려운 구조다.

환율 하락의 원인 요약

- 수출경기 호전(반도체, IT 산업이 주도)
- 외국인세력의 국내증시 투자 증가(수출경기 호조에 의한 현상)
- 정치·군사적 리스크 유화국면 조성(코리아 디스카운트 완화)
- 사드 문제로 불거지던 중국 무역거래 정상화
- 캐나다와의 무기한·무제한 통화옵션 체결(국가신임도 향상)
- 자국경제 진작을 위한 세계 각국의 양적완화정책(2008년 금융위기 이후 주요 경제국의 양적완화정책으로 세계자산시장의 버블 확대)

위의 내용과 반대 입장에서 2018년 10월 환율이 상승하는 이유는 미국의 금리 인상에 영향을 받은 외환시장에서 외국인들의 셀 코리아 현상이 발생했기 때문이다. 그들이 갖고 있던 원화를 달러화로 바꾸는 과정에서 달러의 가치는 높아지고 원화의 가치가 떨어져 원/달러 환율이 상승하기 때문에 벌어지는 현상이다.

현재 미국 연준이 기준금리를 꾸준히 올리고 있음에도 한국은행이 금리를 올리지 않는 것을 두고 시장의 원성이 높은 이유는 미국과 우리나라 간 금리 차이가 높아질수록 외국인들의 달러 유출이 많이 질 것이고, 이로 인해 원화가치가 하락하는 것을 염려하기 때문이다.

돈이 마법을 부린다 :
금융위기의 본색

미국의 메가 뱅크들은 금융위기가 그들이 일으킨 버블에 기인한 것임에도 여전히 이를 반성하지 않고 있다. 오히려 기회만 주어지면 다양한 기초자산을 이용한 파생상품 판매, 유동화증권의 리볼빙을 통해 이익구조의 확대 재생산을 노린다. 그리하여 100원의 돈이 200원이 되고 급기야는 무한대로 돈이 증식하는 과정을 겪는다. 메가 뱅크들에 의해서 돈이 마법을 부리기 때문이다. 우리도 이렇게 돈이 마법을 부린다면 얼마나 좋겠는가. 실제 금융자본들은 이렇게 해서 막대한 돈을 번다.

여러분이 은행에 가서 매매가 1억 원인 주택을 가지고 담보 대출을 받는다고 가정하면, LTV 비율을 적용시켜 주택 가격의 60% 정도가 대출 가능 금액일 것이다.

그런데 저신용자들에게 묻지도 따지지도 않을 뿐더러 DTI, LTV

적용을 배제하고 주택 가격의 100%인 1억 원을 대출받고 설정한 저당권을 제 3의 기관에 양도하여 그들로 하여금 이를 증권화(유동화)시켜 팔게 한다. 이렇게 해서 유입된 돈을 이용해 같은 방법으로 이 행위를 반복한다면, 최초 1억 원이었던 대출금의 저당권은 무한대로 커질 것이다.

이렇게 됐을 때 대출금도 무한대로 늘어나지만 이와 비례해서 리스크도 높아진다. 바로 이런 프레임 아래에서 저신용자에게 주택담보 대출을 집행하면서 발생한 버블이 터지면서 발생한 것이 소위 서브프라임 모기지론 사태가 불러온 금융위기다.

개인이 신용융자를 내서 원금에 신용융자금을 합해 주식에 투자한다고 가정해 보자. 레버리지가 맞아 떨어져 주가가 오르면 대박을 치겠지만, 반대로 이렇게 투자하고 나서부터 주가가 계속해서 떨어진다면, 원금에 빚까지 내서 투자를 한 것이기 때문에 투자금을 모두 잃게 된다. 자신의 주식계좌가 이른바 깡통통장으로 전락하게 되는 것이다. 이렇게 레버리지를 맹신하고 과도한 빚을 내서 주식에 투자해 망한 사람이 부지기수다. 필자도 이런 경험이 있다. 이런 함정에 빠지는 사람들은 초보자들보다 자신의 지력이 시장을 이길 수 있다고 믿고 있는 사람일수록 더 빠져든다.

주식 투자는 모니터 앞에서 실시간으로 주가동향을 체크하는 사람보다 여유자금으로 장기 투자하는 사람이 성공할 확률이 높다. 실제로 주식시장에서 연령별 투자레코드를 보면, 자신의 지력이 최고치에 있는 20~30대보다 50~60대의 수익률이 높다. 투자의 세계에서는 개인의 경험자본이 매우 중요하다. 경험자본이라는 말이 함의하는 것은 실전사례가 그만큼 많다는 의미다.

이국종 의사보다 경력이 오래된 외과의사는 차고도 넘친다. 그럼에도 이국종 의사가 국내 최고의 외과의사로 평가받는 이유는 임상 수술경험이 압도적으로 많기 때문이다. 뭐든지 반복하면 익숙해지고 지혜와 기술마저 숙련된다. 그렇다. 투자의 세계에서도 경험이 돈이다. 그래서 경험자본이라고 하는 것이다.

지수함수적으로 급변하는 세상에서 다양한 변수와 인간의 심리적 분석까지 해야 하는 주식 투자에서 주가를 예측하는 일은 너무 어렵다. 이는 인공지능 알파고라도 별 수 없을 것이다. 알파고가 주가의 기술적 측면을 파악해 주가 변동에 대응한다고 해도 천라만상과 같이 다양한 인간의 심리까지 계량화해 분석하는 것은 한계가 있다.

금융자본이 세계의 통화를 지배하는 시대에서 금융자본은 자신들의 이익을 위한 것이라면 통화와 환율의 조작은 상수로 이뤄지고, 이에 따라서 금융위기는 수시로 발생하고 그 주기도 짧아지고 있다.

2008년 세계 모든 국가를 위험에 몰아넣었던 미국 월가의 메가 뱅크들에 의해서 벌어진 서브프라임 모기지론 사태가 발생한 이유가 무엇 때문인가. 통제되지 않는 금융자본들의 탐욕이 불러온 것이다.

서브프라임 모기지론이 무엇인가. 말 그대로 신용등급이 낮아 채무이행에 문제가 있는 저신용자에게까지 주택담보의 100% 이상을 대출해주면서 불행의 서막이 시작된 것이다. 여기에서 멈췄다면 저신용자에게 주택담보가치 이상의 대출을 해준 은행만 망하면 되는 일이었다.

　금융자본들은 저신용자들에게 주택담보 이상의 대출을 해주고 설정한 저당권을 페이퍼컴퍼니인 SPC(특수목적회사)를 설립해 이전시키고, 이를 증권화(유동화)시켜 증권시장을 통해 유통시킴으로써 위기를 증폭시켰다. 이런 방법으로 계속 자금을 회전시켜 가면서, 금융당국의 감시와 통제에서 벗어난 유동성이 걷잡을 수 없이 부풀려지게 된 것이다.

　금융자본은 여기서 멈추지 않고 CDS라는 신용상품까지 유동화시키는 방법으로 유동성을 키웠고, 이 과정에서 버블이 더 이상 견디지 못하고 터지면서 금융위기가 전 세계로 확산된 것이다.

　이렇게 금융당국의 통제에서 벗어나 있고, 금융권의 전통적인 고유계정상품이 아닌 것을 두고 '그림자금융' 또는 섀도 뱅킹Shadow banking이라고 한다. 평상시에 금융에 관심이 없는 사람이라도 한번쯤은 경제신문에 실린 MBS, ABCP, 후순위채권이라는 상품에 관한 기사를 보았을 것이다. 이 상품들의 공통점은 ABS로, 우리말로는 유동화증권이라고 말한다. 이 상품들은 증권회사의 금융 몰을 통해 개인이 쉽게 매입할 수가 있다. 이렇게 그림자금융이 만든 상품은 이미 우리 곁에 가까이 와있다.

　금융자본들은 그들의 이익을 확장시키기 위해, 금융공학을 이용해 위험이 검증되지 않은 온갖 것들을 기초자산으로 하는 파생상품을 만들고 이를 시장에 내놓고 있다. 그런데 이렇게 위험이 검증되지 않은 상품들이 파산이라도 하게 되면 그 피해는 누가 입는 것인가. 서브프라임 모기지론이 파산하여 발생한 금융위기 당시 금융위기의 주범이라고 할 수 있는 월가의 메가 뱅크들은 국민이 낸 공적자금으로 다시 살아날 수 있었지만, 순진한 개인투자자들은 그 피해의 늪에서 고통받았다.

펀드는 20세기에 금융자본이 만든 최고의 상품이라고 말한다. 금융자본들은 온갖 유형의 펀드상품을 설계하고 판매하지만 펀드운용의 결과에 대해서는 어떤 책임도지지 않는다. 만약 펀드 투자로 인해 손실이 발생한다고 해도 그 피해는 순전히 개인의 책임이지 펀드회사는 어떠한 책임도 지지 않는다. 그러나 개인은 손실이 발생한 것만 해도 억울해 할 일인데, 여기에 수수료까지 꼬박꼬박 펀드회사에 받쳐야 한다. 은행의 영업이익이 증가한 것에는 다양한 이유가 있겠지만 펀드, 방카쉬랑스 등의 무위험 상품들의 판매수수료가 증가한 것에도 있다.

여러분은 미래에셋이 야심만만하게 출범시킨 인 사이트 펀드를 기억하고 있는가. 펀드가 설정된 지 오랜 기간이 지났지만 아직까지 원금도 회복 못하고 있다. 그러나 미래에셋은 서울 도심 한복판에 그들만의 거대한 성을 쌓고, 호위호식하고 있다. 과연 이 돈들은 누구의 지갑에서 나온 것인가. 합법적이긴 하지만 개인들의 피와 땀이 섞인 돈이다.

금융자본들은 영리하다. 자신들이 빠져나갈 구멍부터 만들어 놓은 상태에서 펀드를 설계하고 판매한다. 어떠한 위험도 감수하지 않고, 고위험 파생상품을 판매해 수수료만 챙기는 금융회사들의 행태를 이대로 지켜봐야 하는가. 시장이 불확실 할수록 투자자는 똑똑해야 한다.

　우리가 사는 세상을 가리켜서 금융자본주의, 혹은 펀드자본주의 시대라고 부른다. 개인이 실물자산에 직접투자하면 될 일인데 우리는 직접투자에 대한 공포심을 갖고 있다. 그들은 온갖 매체를 동원해 여론공세를 펼쳐, 개인투자자의 심리를 지배하고 간접투자만이 저금리 시대의 투자대안이라고 설파한다. 정말 그런가.

　각종 통계자료에는 그들이 말한 대로 펀드수익률이 시장 평균을 상회한다는 어떠한 통계치도 없다. 오죽하면 투자의 신으로까지 추앙받는 워런 버핏마저도 펀드에 투자할 거면 그나마 수수료가 싸고 펀드매니저의 간섭이 덜한 지수형 펀드인 인덱스펀드에 투자하라는 말을 하겠는가.

　투자상품에는 경계가 없다는 것을 마음으로 받아드려라. 투자상품을 결정하는 것은 상품의 타이틀이 아니다. 투자의 3요소인 안정상, 수익성, 환금성을 비교하여 투자시점의 경제 환경에서 비교우위에 있는 상품을 선택하면 된다. 우리나라에는 등록하지 않은 사람들까지 합해 임대주택사업을 하는 사람들이 400만 명을 넘는다. 이들 중 상당수는 생계형 임대사업자들이다. 이들이 이런 선택을 하는 이유는 그나마 임대수익률이 은행 예금이자의 몇 배에 이르기 때문이다. 금리가 과거처럼 고금리 시대라면 이들도 소액으로 투자가 간편한 금융에 투자할 것이다.

　따라서 투자상품의 선택에는 절대성이 없다고 말하고 싶다. 지금의 경제 환경에서 경쟁력이 있는 상품이 최상의 상품이다.

문재인 정부의
소득주도정책과 환율의 미래

일국의 경제를 논함에 있어서 집권세력의 정치적 지향점은 경제 환경을 뒤흔들 정도의 영향력을 갖고 있다. 정치가 경제에 절대적인 영향을 미친다고 장담할 수는 없지만 부분적으로 시장에 큰 영향을 미치기도 한다.

지난 10년 동안 보수 정부가 집권하면서 소위 혁신주도성장정책이 경제정책의 근간을 이뤄왔다. 혁신주도성장정책은 대기업 중심의 성장정책으로, 대기업의 성장으로 국부가 증가하면 그들이 흘려주는 떡고물이 결국엔 국민 전체의 생활 향상에 기여한다는 논리로 접근하는 정책이라고 할 수 있다.

이러한 대기업 중심 성장정책은 대기업이 세계시장에서 경쟁국보다 유리한 위치에서 경쟁할 수 있도록 법인세를 실질적으로 낮춰주고 고환율정책을 실행함으로써 간접적으로 국가가 나서서 대기업을 지원하는 정책이다.

　　　　　　　　2. 환율과 금리의 변동과 위기 대응 시나리오

그러나 이러한 대기업 중심의 성장정책이 외형적인 경제의 성장을 갖고 왔는지는 몰라도, 일자리를 늘린다거나 소득의 분배 효과는 없었다. 오히려 경제 성장의 과실을 일부 기업과 일부 계층이 독점하는 폐해를 몰고 왔다.

J 노믹스라는 문재인 정부의 경제정책은 대기업 중심의 성장정책에 이의를 제기하고 이를 반면교사로 삼는 반대 입장에서 실행하는 경제정책이다. 원화의 강세는 경제운용의 결과로 나타나는 것이지만, 정부의 정책방향에 따라서는 얼마든지 업Up, 다운Down 될 여지가 있다. 그래서 우리는 정부의 경제정책에 관심을 갖는 것이다.

물론 정부의 정책이 시장에서 역효과를 내는 경우도 많다. 그러나 대체적으로 정부가 의도하는 방향으로 작동하는 경향이 더 많으므로 이를 결코 소홀히 봐서는 안 된다.

원화의 가치가 변동된다는 것은 환율이 원인이 아니라 경제운용의 결과로 결정되는 것이다. 경기가 좋아 경상수지가 좋아지면 원화가 강세국면을 이어가는 것이지 환율이 하락해서 경기가 좋아지는 것은 아니다. 이 점을 분명히 알고 환율의 변동을 지켜봐야 한다.

환율의 가치 상승은 경기호황의 결과로 나타난 것이다. 그러나 원화의 강세가 계속된다면 좋았던 수출경기가 역전될 수도 있다.

그래서 원화 강세를 계속 방치하는 것은 국가 경제적으로 악재가 된다. 기업의 직원 수가 상대적으로 적어 따로 환리스크를 관리하는 전담부서가 없는 중소기업은 원화 강세로 인한 환차손의 발생으로 수출 증가가 오히려 기업의 영업이익을 감소시키는 현상이 발생한다.

환율 하락을 장기간 방치하면 경기호황을 이끌었던 대기업들의 영업 이익도 크게 줄게 된다. 무엇이든 지나치면 좋을 것이 없다. 그럼에도 정부는 환율방어에 소극적이다. 왜 그럴까.

우선 우리나라는 미국 정부에 의해서 환율 조작 가능성이 있는 나라로 지정되어 있다. 미국의 상무성이 두 눈 뜨고 감시하는 상황에서 정부가 외환시장에 개입해 환율 조작에 나선다는 것은 거의 불가능에 가까운 일이다.

문재인 정부는 외환시장에 개입해 환율을 조작할 이유가 없다. 이명박 정부 당시 수출기업을 독려하기 위해 정부가 고환율정책을 폈던 것과는 정반대의 포지션을 취하는 것이다. 미국이 금리 인상을 단행하고, 원/달러 환율이 상승하고(원화의 가치 하락으로 평가절하라고 함) 있음에도 정부가 외환시장에 개입해 환율을 조작하는 그 어떤 시도도 하지 않고 있다.

문재인 정부의 경제정책이 경제 성장에 무게를 두는 혁신주도정책으로 중심축을 이동한 것처럼 보일 수 있지만, 이것은 반대세력을 의식한 일종의 속임수이고, 문재인 정부가 그리는 빅 피처는 '소득주도성장'에 있다.

그러니까 문재인 정부의 경제정책은 소득주도성장이라는 빅 픽처 아래 정부의 경제정책이 추진되는 것이다. 소득주도성장이란 개인의 가처분소득을 늘려 지출을 늘림으로써 내수경제를 활성화시키고 이것을 바탕으로 지속가능한 성장을 이루겠다는 것이다.

우리는 생각해 봐야 한다. 한국경제가 과거의 역동적인 성장을 구가하는 시대는 아니라는 점을 확실하게 인식하고 있다. 그럼에도 거시경제 지표로 보면 미약하나마 조금씩 경제 성장이 이뤄지고 있다. 그럼에도 불구하고 청년실업은 늘어만 가고, 왜 비정규직은 확산되고 있는 지를 확인해야 한다. 이 모든 것이 대기업 때문이라고 할 수는 없지만 국내 대기업들이 국내 주요산업을 독점하고 상품의 가격, 임금마저 결정하는 경제권력의 독재자가 되면서부터 외주생산이 일상적으로 이뤄지고 외주기업의 생산단가를 후려쳐서 노동단가를 낮추고 있다는 점을 알아야 한다.

문재인 정부는 혁신주도성장론에 근거한 대기업 중심의 성장정책이 일자리를 늘리지도 못하고, 소득의 양극화만 초래한다는 것을 깨닫게 된 것이다. 한국경제가 성장하고 있다고 하지만, 성장의 질은 오히려 나빠지고 있다.

우리나라의 수출호조는 반도체, 일부 IT 기업의 호황에 힘입은 것이지, 중소기업은 여전히 어렵다. 경제 지표가 호전됐다고 경제가 좋아졌다고 착각해서는 안 되는 이유가 여기에 있다.

경제 성장에도 불구하고 개인의 가처분소득은 줄어들고, 청년실업은 늘어나는 흐름 속에서 일부 대기업이 성장의 과실을 독식하는, 그러면서도 외주 생산비중은 늘려 나쁜 일자리만 늘리는 경제는 지양되어야 한다.

문재인 정부의 경제성장정책은 이러한 경제 문제를 야기한 과거 정부를 반면교사 삼아, 서민의 희생을 전제로 경제의 양극화만 심화시키는 정책과 반대의 포지션에 서서 위치에 경제정책을 운용하는 것으로 보면 된다.

　소득주도성장론은 수출대기업에 의존하는 경제 성장에 문제를 제기하고 개인의 임금소득을 증가시켜, 개인이 소비할 수 있는 가처분소득을 올려, 경제 전체의 수요를 촉진시킴으로써 경제를 성장시킨다는 것이다. 임금주도성장Wage-led growth과 같은 개념의 정책으로 보면 된다.

　문재인 정부에서 추진된 일련의 소득 관련 정책들인 노인연금 인상, 비정규직의 정규직화, 공공일자리 늘리기, 최저임금 인상정책 등이 모두 소득주도정책과 밀접한 관련이 있다.

　이러한 소득주도정책이 보수야당과 일부 언론의 비난이 거세지면서 주춤한 듯 보이지만 이는 숨고르기 과정이고, 문재인 정부의 경제정책은 사회적 약자의 소득을 늘려 경제를 활성화시키는 것에 초점이 맞춰져 있다.

　사실 현대 자본주의 국가에서 사회적 약자를 보호하는 정책은 이념의 문제가 아니라 국가 통합의 가치로 자리한지 오래됐다. 청년들의 임금을 올려주자는 최저임금 인상정책을 일부 기득권자들의 편에서 반대하는 세력들은 보수가 아닌 수구세력일 뿐이다.

　그런데 미국의 트럼프 정부는 법인세를 기존의 35%에서 21%로 낮추는 법인세 감면정책을 실행하고 있다. 이 정책은 이명박 정부의 정책과 비슷하면서, 문재인 정부와는 역의 포지션에 위치하는 정책이다.

원화가 강세라는 것은 원/달러 환율이 하락하는 것으로, 외국인들은 원/달러 환율의 하락으로 상대적으로 싸진 국내 부동산 투자를 늘릴 것이다. 이 시기에 외국인들이 주로 투자하는 부동산은 상업용 부동산, 산업용지로, 이 시장은 환율의 하락이 호재로 이어진다. 이는 교과서적인 얘기일 뿐으로 실제로 환율은 경기내용을 반영하는데 반해 부동산은 경기 흐름과 반대로 진행되는 경우가 허다하다.

우리나라의 투자시장은 떼거리 심리가 있다. 시장이 호전되기라도 하면 밴드왜건 효과까지 더해서 떼거리로 몰려들다가, 단물이 쏙 빠지면 또 떼거리로 철수하여 시장은 황량하게 만든다.

2017년 불어닥친 가상화폐 열풍을 봐라. 그들은 수수료 없는 거래 시스템을 만들었다고 자랑하고 있지만 실제 가상화폐 중개사무소들은 거래 수수료로 그들의 배만 불리고 있다. 가상화폐는 그림자금융보다 더 위험하다. 그림자금융은 이제 어느 정도의 통제 시스템이 가동 중이고 무엇보다 저당권, 매출채권 등을 기초자산을 기본으로 해서 발행된다. 그러나 가상화폐는 돈 넣고 돈 먹기 식의 투전판과 뭐가 다른가.

지금 가상화폐 투자의 위험을 아무리 경고해도 사람들은 들으려고 하지 않는다. 그러나 만약 이 시장이 폭락해 시장의 모멘텀이 전환된다고 가정해 봐라. 과연 이 사태를 누가 책임질 것인가. 이는 누가 책임을 질 사안이 아니라, 전체 투자자가 공동으로 책임을 져야 할 사안이다. 부의 균형이 깨져 사회적 약자가 증가하는 사회일수록 사행성 도박에 빠지는 사람이 많다. 정상적으로 일하고 정상적으로 투자해서는 돈을 벌 수 없는 사회에서는 어느 시대건 발생했던 일이다.

문재인 정부는 집권 초기부터 1년 6개월 간 총 9차례에 이르는 부동산정책을 내놓고 있다. 이 중에서는 다주택자를 겨냥한 부동산 규제책이 특히 많았다. 문재인 정부가 다주택자를 겨냥한 부동산대책을 계속 내놓고, 외환시장에 개입하지 않는 것은 문재인 정부의 경제목표가 서민들의 주거안정과 소득분배에 절대적으로 기초하고 있기 때문이다.

역사는 변증법적으로 진화한다는 헤겔의 말처럼 현재 문재인 정부의 경제정책은 전 정부들의 안티테제Antithese 개념에서 설계되고 추진되는 것이다.

우리 지갑의 무게를 결정하는 일에 있어 절대적으로 영향을 미치는 환율과 금리를 예측하는 일에 앞서서, 현 정부의 경제정책 운용의 빅 픽처를 이해하고 투자의 방향을 설정하는 일은 그래서 중요한 것이다.

소득주도성장론

소득주도성장론은 임금 인상이 총 수요를 늘려서 성장률을 높인다는 논리에 기초하는 경제정책이다. 소득주도성장론은 포스트 케이지언 경제학자들의 '임금주도성장Wage-led growth'에 뿌리를 두고 있다.

소득주도성장을 위해 실행하는 적절한 속도의 최저임금 인상, 사회적 약자에 대한 복지비 지출의 확대는 소득분배 효과로 경제의 양극화 현상을 해결하고 내수경기의 상승에도 기여한다. 소득주도성장은 분배를 통한 성장, 균형 성장의 다른 표현으로 지금까지의 대기업 중심의 수출주도경제와 역의 포지션에서 추진되는 정책이다.

밴드왜건Band wagon 효과

투자자들의 쏠림 현상을 퍼레이드 행렬의 선두에서 운행하는 악대 마차에 구경꾼들이 일시적으로 구름떼처럼 앞으로 몰려들지만 나중에는 썰물처럼 사람이 빠져 나가는 것과 비유해 말하는 것이다.

선진국의 양적완화정책과
환율의 미래

          2008년 금융위기 이후 미국은 계속 되어온 일종의 통화확대정책인 양적완화정책을 축소하는 테이퍼링 정책으로 선회한다고 말하였지만 미국 정부 내부에 여전히 양적완화 정책을 지지하는 비둘기파의 입김이 여전하고 뒤늦게 양적완화정책에 올라탄, 유럽국가, 영국, 일본은 지금도 양적완화정책과 극단적인 실질금리 마이너스 정책을 추구하고 있다. 왜 그들은 양적완화정책에 미련을 버리지 못하는가. 그 이유를 한 번 생각해 보자. 그래야 세계 금융시장의 흐름을 이해할 수 있다.

  세계최강의 축구강국 스페인과 대한민국 간에 축구경기가 벌어졌다. 그런데 이 경기의 심판관들은 너무 하다 할 정도로 스페인 편에서 경기를 진행시키고 있다. 급기야 대한민국의 선수 1명을 퇴장시키는 일까지 벌어졌다. 정상적으로 싸워도 이길까 말까 한 경기에 1명의 선수까지 퇴장시켜, 세계최강 스페인과 싸워야 한다. 이 경기의 결과는 해보나 마나 결과는 정해진 것이다.

금융위기 이후 기축통화국, 미국에 의해서 자행되왔던 양적완화정책은 축구강국 스페인과 맞서, 불리한 환경에서 경기를 하는 축구 약소국의 처지와 다를 바가 없다.

우리나라가 한창 경제 성장의 역사를 써나가던 초창기에는 선진국과 비교해 경쟁력이 매우 떨어지는 국가의 기간사업을 보호하는 정책을 써도 선진국들은 비교적 관대한 무역정책을 펼쳐 용인해주는 부분이 있었다. 그런데 최근의 무역시장은 약자에 대한 관용은 사라지고, 오히려 선진국들이 세계경제에서 반칙을 일삼고 있다. 그 대표적인 것이 강대국 간에 벌어지고 있는 통화정책이고, 이를 대표하는 것이 양적완화정책이다. 양적완화정책은 경제교과서에도 없는 미국이 최초로 시도한 통화확대정책이다.

자본과 무역의 경계가 사라진 지금, 세계의 모든 기업들은 세계시장에서 경쟁한다는 측면에서 보면 기업의 규모와 관계없이 모두 글로벌 기업이다. 그렇기에 세계시장에서 경쟁하는 기업들은 동일한 조건에서 경쟁해야 한다.

기업이 생산하는 제품의 가격에는 원재료 구입비, 노동비, 지대 등의 직접생산요소 이외에도 비경상 부분에서의 비용요소들, 이를테면 법인세, 환율, 기업들의 조달금리 등에 의해 가격이 결정된다. 이렇게 해서 결정된 상품의 가격이 세계시장에서 기업경쟁력이 되는 것이다.

이명박 정부에서는 소위 낙수효과를 기대하고, 국내 대기업의 법인세를 실질적으로 낮추고, 고환율정책으로 일관하면서 대기업이 생산하는 제품에 날개를 달아주었다. 이 정책으로 국내 대기업이 생산한 제품의 가격경쟁력이 글로벌 시장에서 30% 이상 상승했다고 한다.

단 1%라도 가격우위요소가 되는 레드오션의 살벌한 경쟁구도에서 1%가 아닌 30%의 가격우위요소가 생겼다는 것은 해당기업이 생산한 제품에 날개를 달아준 것이 아니고 그 무엇이겠는가.

2007년 연평균 929.16원이었던 원/달러 환율은 이명박 정부가 시작된 2008년 1,103.36원, 2009년 1,276.35원으로 크게 올랐다.

2009년 삼성전자는 10조 9,200억 원의 영업이익을 올렸다. 2009년의 평균 환율 1,276.35원을 기준으로 이를 달러화로 환산하면 삼성전자는 환율 상승으로 인한 환차익만으로도 약 855억 5,000만 달러가 된다.

다른 생산요소를 무시하고 단순히 환율이 929원에서 1,276원으로 올랐다고 생각해 보자. 환율의 상승으로 1달러의 원화구매력이 929.16원에서 1,276원이 되는 것이다. 이 사례만 놓고 봐도 환율이 글로벌시장에서 기업경쟁력을 얼마나 강화시키는지를 알 수가 있다.

그러나 고환율정책은 반대로 수입 물가를 인상시켜 국내 소비자의 희생을 전제로 하는 정책이다. 그러나 결과는 어떠했는가. 기대했던 낙수효과는 사라지고 환율 급등으로 영업이익이 대폭 늘어난 국내 대기업들만 신이 나는 일이 되었다.

최근에 과거의 잘못된 정치·경제·사회 문제를 청산하는 적폐청산이라는 말이 유행이다. 전 정부 아래서 행해졌던 고환율정책도 적폐청산의 대상이다.

중앙은행은 통화조작정책을 통해 물가를 통제하고 조절하는 것이 그들에게 주어진 가장 중요한 미션이다. 각국의 중앙은행들은 지급준비율을 조절하여 시장의 통화량을 조정하고 물가를 통제한다.

그런데 양적완화정책은 정부가 시장에 직접 개입해 국채를 매입하는 방식으로 시장에 돈을 푸는 정책이다. 이렇게 해서 시중에 돈이 풀리고 자국의 환율이 떨어지면 국가경제가 좋아지고, 환율의 상승으로 수출하는 기업들은 호재를 맞게 된다. 여기에 중앙은행까지 나서 일종의 정책금리라고 할 수 있는 기준금리를 극단적으로 마이너스 금리로 낮추는 정책을 고수하는 경우 기업의 경쟁력은 배가된다.

양적완화정책은 자국기업의 수출경쟁력을 높여, 국제수지를 개선하기 위해 사용되는 정책이다. 그러나 이 정책은 경쟁상대국의 희생을 전제로 하는 정책으로 공정치 못하다.

무한대의 경쟁과 공정한 무역을 전제로 하는 신자유주의 경제 모델을 처음 시작한 곳이 미국이다. 그러나 군사적 패권국가로 간신히 기축통화의 지위를 고수하는 미국은 기축통화국이라는 우월적 지위를 이용하여 경제마저 패권국가의 모습으로 일관하고 있다.

필자는 미국이라는 나라를 이해하지 못하겠다. 1인당 GDP가 5만 달러에 이른다는 나라가 그 6분의 1도 되지 않는 중남미의 소국 코스타리카의 자연수명에도 못 미칠 정도로 국민건강보험제도는 엉망이고, 계속해서 총기난사 사고가 발생하고 있음에도 이해집단의 로비로 전 국민이 총기의 공포로부터 벗어날 수가 없는 나라다. 민주화된 나라라고 하지만 자본의 이익이 국민의 생존권 위에 있는 자본주의국가가 바로 미국이다. 자본주의를 시장만능주의로 이해하면 곤란하다. 지금까지 자본주의 체제가 유지돼온 것은 자본주의는 좌, 우의 날개로 진화해왔기 때문이다. 만약 국가가 경쟁에서 탈락한 사회적 약자를 보호하지 못했다면 과연 자본주의 체제가 유지될 수 있었겠는가. 그래서 유럽의 사회민주주의국가인 프랑스, 독일, 네덜란드, 덴마크, 스웨덴, 노르웨이, 핀란드의 스칸디나비아 3개국은 사회적 약자를 돕는 일은 이념의 문제가 아닌 국가 통합의 가치라고 생각하고 보편적 복지정책을 펴는 것이다.

그러나 미국에서는 20세기 초반 만들어졌던 강력한 반독점규제법이 정치인과 자본가들 간의 협작으로 폐기되어 버린 지 오래됐다. 의료사각지대에 있는 국민들을 대상으로 하는 소위 오바마 케어로 불리는 의료개혁법이 시행도 하기 전에 트럼프 정부에서 폐기되는 수순으로 가고 있다. 여러분이라면 돈이 모든 가치를 지배하는 미국 같은 나라에서 살고 싶은가.

경제 성장의 파이를 일부가 독식하는 나라, 가난한 자를 더 가난하게 만드는 경제 시스템, 이것은 19세기 이후 세계가 추구해왔던 인간의 얼굴을 한 자본주의와는 거리가 먼 것이다.

미국의 유명 대학으로 잘 알려진 밴더빌트 대학, 카네기멜론 대학,

록펠러 대학의 공통점이 무엇인지 아는가. 이 대학들은 20세기 초 독점자본을 강력하게 처벌하는 반독점규제법이 만들어지면서 감옥에 가는 대신 기부를 선택한 독점자본가들에 의해서 설립된 대학들이라는 공통점이 있다.

지금 미국의 강력했던 반독점규제법은 역사적으로 사라지고 산업독점자본 대신 금융자본이 이 자리를 대신하고 있다. 미국은 19세기 대항해 시대의 무력을 기반으로 하는 약탈적 자본주의로 후퇴하고 있다.

세계 최고 수준의 복지국가로 손꼽는 핀란드는 제2차 세계대전 당시 독일의 편에서 전쟁에 참여함으로써 종전 후에 막대한 전쟁보상금을 지불했고, 국가의 재정은 바닥이 드러나게 되었다. 그런데도 핀란드는 이 시기를 기점으로 여성의 참정권을 보장하고, 보편적 복지제도의 기틀을 다지는 본격적인 복지국가의 시스템을 만들어 나간다.

경쟁에서 낙오된 사회적 약자를 돕는 자본주의, 성장과 보편적 복지가 공존하는 자본주의, 이 가치에 한참 동떨어진 국가가 바로 현재미국의 자본주의 모습이다.

미국은 냉전 시대가 끝났음에도 냉전 시대처럼 나토회원국에 동유럽 국가까지 포섭시키면서 중국, 러시아를 국경으로 봉쇄하는 정책을 계속하고 있다.

필자의 생각으로 베이징 정부가 국내에 배치된 사드를 단지 북한방어용이 아니라 미국에 의해서 진행되는 세계전략의 일환으로 보기 때문에 이처럼 강경한 무역보복조치를 하면서 분노하고 있다고 보여 진다.

미국, 중국 두 나라의 공통점은 군사적 패권국가라는 점이다. 누가 좋고 나쁘고의 문제가 아니라, 이 두 나라 간의 샅바싸움에 약소국인 우리나라만 피해를 보는 것 같아 안타깝다.

두 나라 간의 패권싸움이 환율전쟁으로 이어지는 것은 단지 경제 문제로만 해석하는 것에 한계를 가진다.

경제 대국 간에 벌어지고 있는 환율전쟁은 계속되고 있다. 미국뿐 아니라 유로통화국, 일본, 영국까지 모두 자국통화가치를 조작하는 환율전쟁의 대열에 참여하고 있다.

그러나 달도 차면 기우는 법. 양적완화정책이 오랜 기간에 걸쳐 진행되어 오면서 세계경제는 인플레이션 발생, 자산의 거품 현상 등의 피로감이 가시화되고 있다. 따라서 세계 주요경제국들은 점진적이나마 양적완화정책을 축소시키는 방향으로 정책을 수정하고 있다. 이 과정에서 미국의 달러화가 강세를 나타내고, 금리 인상이 불거진 것이다.

한국은행이 기준금리를 올리는 것은 미국 연준의 금리 인상 흐름에 대응하는 것이다. 미국이 금리를 올리면 국내금리가 낮아져 외화 유출의 빌미가 된다. 이것을 방지하기 위해 한국은행은 기준금리를 인상하지 않을 수가 없을 것이다.

필자는 개인적으로 정부가 큰 폭의 금리 인상을 단행하기 어려울 것으로 본다. 우리경제가 1,500조 원이 넘는 가계부채라는 폭탄을 등에 지고 있는 마당에 한국은행의 기준금리 인상은 제한된 프레임 안에서 금리 문제를 해결할 수밖에 없을 것이다. 금리 인상에 대한 소리는 요란하지만 정작 금리 인상의 폭은 시장이 생각하는 것보다 적을 것이다.

단, 대출규제와 대출금리 인상이 유동성의 고리를 끊어 레버리지 투자자에게는 영향을 미칠 것이다.

예전에 미국증시가 기침을 하면 한국증시는 감기에 걸린다는 말이 있을 정도로 한국경제에서 미국의 입김은 절대적인 변수로 작용해왔다. 하지만 근래에 들어 미국이 우리나라의 증시에 미치는 영향은 크게 줄었다고 볼 수 있다. 섣불리 판단하지 말고 상황을 지켜볼 필요가 있다.

원화 약세의 시대가
다가오고 있다

　　　　　　　　　　2018년 초까지만 해도 원화 강세가
계속되고 있다는 것이 시장의 분위기였다. 그러나 2018년 10월 이제
는 원화 약세가 언제까지 이어지는 가를 걱정하고 있다. 2018년 초
1,050원대를 기록했던 원/달러 환율은 미·중 간의 무역전쟁이 본격
화되던 2018년 6월을 전후로 꾸준히 상승하여 2018년 10월 초 1,140
원을 넘어섰다. 1년 전과 비교하면 원/달러 환율이 90포인트 오른 것
이다. 아마 2017년 11월에 달러 예금이나, 해외펀드에 투자한 사람
들은 환율 인상으로 투자 수익 이상의 환차익을 덤으로 얻는 기회를
누렸을 것이다. 경제학 교과서에 따르면 환율이 급락하면(원화가치
의 평가 절상, 환율의 하락) 통화량은 증가하고 금리는 떨어지는 것
이 일반적인 현상이다.

　원/달러 환율의 급락은(원화의 가치 상승)은 수출경기가 호조를 이

루고, 주식시장에서도 외국인 세력의 투자가 늘어 달러의 유입이 증가한 것에 의한 것이다.

따라서 원화 강세 국면이 이어진다고 생각하는 투자자들은 원화 강세 국면을 이용해, 환차익을 노리고 달러 예금, 해외주식, 해외펀드 투자를 늘리면 될 것이다. 반면 만약 원화 강세가 더 이어져서 오히려 환율이 하락하게 된다면 환차익 대신 환차손을 입을 가능성이 크다. 따라서 환율이 하락했다고 해서 향후 환율이 상승할 것으로 판단하고 외화 예금에 투자하는 것은 환율의 변화 추이를 봐가면서 신중하게 결정해야 하는 문제다.

2018년 6월 이후 미·중 간의 무역전쟁의 후유증, 미국 연준의 금리 인상 여파로 원/달러 환율이 상승(원화의 가치 하락)하고 있다. 지금은 원/달러 하락이 언제 멈출 것이냐에 사람들의 관심이 집중되어 있다. 미국이 앞으로 강 달러정책을 유지하고, 미국 연준이 2019년에도 계속해서 금리를 올리는 것을 가정하면 환율이 계속해서 상승할 여지가 있다. 그렇다고 해도 달러 예금과 해외펀드는 앞으로의 추이를 더 지켜보고 투자할 것을 권한다. 최근에는 환율이 수시로 변동되기 때문이다.

환율이 하락하면 수출기업들은 환차손으로 입는다. 반대로 환율이 상승하면 환차익을 얻게 되어 기업의 영업이익은 증가한다. 따라서 달러 베이스로 수출 대금을 결제받는 수출 중심의 기업은 영업이익이 증가하고 해외에서 원자재를 수입해야 하는 내수업종들은 환차손으로 영업이익이 감소하는 것이 일반적인 현상이다.

그러나 이를 받아들이는 기업 간에는 온도차가 존재한다. 수출대기업과 중소기업 간에 이 부분의 명과 암은 크게 엇갈린다.

환 리스크를 커버하는 전문 인력이 상근하는 대기업은 환 리스크를 헤징Hedging해 피해갈 수 있지만 그렇지 못한 중소 수출기업들은 원화 강세가 지속되면 환율의 하락만큼 생산제품의 가격경쟁력이 떨어지는 것임으로, 죽을 맛일 것이다. 실제로 중소 수출기업들은 환율의 급락으로 수출이 증가할수록 적자 폭이 늘어만 간다고 하소연하고 있다.

환율의 하락이 가져오는 양면적인 모습이다. 주식시장에서도 환율의 급락으로 종목 간에 희비가 교차하고 있다. 자동차, IT 사업 등은 환율의 하락으로 영업이익이 감소하는 반면, 원자재를 수입해서 상품을 생산하는 음료, 식료 업종과 항공유를 전량 수입에 의존하는 항공사들은 항공유를 낮은 가격으로 구매할 수 있어 환율의 하락으로 오히려 원가가 절감되는 효과를 누려 영업이익이 증가한다.

2017년 원화 강세 국면은 인위적으로 조작된 미국 달러의 약세로 인한 반사적인 이익효과라고 믿고 있다. 2017년 당시만 해도 미국은 달러화의 가치를 약화시켜 자국의 경제를 살리는 정책을 고수하고 있었고, 미국이 법인세 15% 인하를 골자로 하는 법안이 의회에 통과된 것도 이 흐름의 연장선으로 보인다.

미국 트럼프 행정부는 미국 노동자의 일자리 늘리기와 40년간 누적되어 온 막대한 재정 적자를 해결하기 위해 기축통화국으로서의 지위를 이용해 자국기업의 수출을 독려하고, 내수경기의 진작을 꾀하고 있었기 때문에 나타난 현상이었다.

결론적으로 2017년 말에서 2018년 초까지 발생한 원화 강세 국면은 미국의 통화정책 및 재정정책과 연계돼서 움직였던 것으로, 2018년 초 미국의 경기회복으로 미국이 다시 강 달러 흐름을 보임으로써 원화 약세의 시대가 계속될 가능성이 커진다고 말할 수 있다.

현재 트럼프는 미국 국민들 속에서 고립무원의 처지에 있다. 역대 대통령 중에서 지지율도 가장 낮다. 그런 그가 그나마 자신의 지지세력을 결집시키는 일은 일자리 창출과 경기진작을 통해 자신 지지층의 이익에 부합되는 정책을 지속하는 것뿐이다.

40년에 걸쳐 미국이 만성적인 재정 적자국가가 된 것은, 미국의 소비자들이 자신의 소득 이상으로 지출을 한 결과에 의한 것이다. 이를 내부적으로 해결할 생각은 하지 않고, 타 국가들의 희생을 전제로 하는 자국통화의 가치를 낮춰 환율, 금리를 조작하는 정책은 여전히 국제무역이 강대국들의 패권주의 싸움의 장이 되고 있다는 것을 보여주는 것이기에 매우 씁쓸한 마음이 든다. 따라서 작금의 환율, 금리의 미래를 예측하는 일은 매우 복잡한 함수를 풀어야 하는 일이 되고 있다. 그중에서 미국의 환율과 금리정책, 국제 원자재 가격 동향에 따라서 국내시장에서의 금리, 환율, 이와 연관된 투자상품의 가치 변동이 이뤄질 것임으로 투자자들은 항상 세계경제의 흐름을 눈여겨 봐야 한다,

환율 변동에 웃고 우는
당신의 지갑

원화 강세의 시장에서 원화 약세의 시장으로 시장 상황이 변함에 따라 국내의 재테크시장의 판도가 바뀌고 있다. 원화의 상승과 금리 인상이 이제 설에서만 그치지 않고 구체화되면서 재테크시장이 요동치고 있는 것이다.

환율이 하락하면(원화의 가치상승, 평가절상으로 표현) 금리는 하락한다. 우리는 여러 차례의 금융위기를 거치면서 경제적 원인이 아니더라도 군사, 정치적 위험이 높아지면 환율은 상승하고 금리가 폭등하는 것을 경험했다.

환율이 떨어져서 원화 강세가 장기간 이어진다면 국제시장에서 경쟁하는 국내기업들의 수출은 감소하고 영업이익을 떨어진다. 일례로 원/달러 환율이 1,000원에서 50원만 떨어져도 기업의 입장에서는 수출해서 얻는 영업이익이 크게 감소한다. 결국 이는 해당 기업의 주가에 반영되어 해당 기업의 주가는 떨어지는 것이 일반적인 현상이다.

원화가 강세이던 2017년 11월 7일 현대차의 주가는 전일에 비해 3,500원(2.66%) 내려 155,000원에 장을 마감했다. 기아차도 미약하나마 150원(0.43%) 하락한 34,750원에 거래가 종료됐다.

특히 투자자는 이 시점에 원화가 달러화뿐 아니라 엔화에 대해서도 강세라는 것을 주의해서 봐야 한다. 엔화 약세로 일본 완성차 업계는 수출 측면에서 유리한 국면이 조성되고 일본과 경쟁관계에 있는 국내 자동차 업계는 그만큼 더 어려운 상황에 직면하게 됐다. 자동차 이외에도 수출 비중이 큰 IT 산업도 마찬가지다.

원화 강세 현상으로 모든 기업이 손해를 보는 것은 아니다. 덕을 보는 기업도 있다. 가령 원자재 수입기업은 환율이 하락하면 기존보다 더 낮은 가격으로 원자재를 구매할 수 있다. 항공연료를 저렴하게 수입하는 항공회사도 이익을 본다. 식품원료를 외국에서 수입해서 상품을 만들어 파는 음식료 업종도 환율 하락의 수혜종목으로 꼽힌다.

환율 하락에 따른 수혜를 입는 업종과 피해를 보는 업종에 대한 주식 투자는 환율의 변동을 이용해 환차익을 노리고 투자하는 것이다. 이 모든 것이 결국 누가 환율의 미래 예측하고 투자에 활용하는가에 있다. 그러나 음식료 업종은 필수 소비재로 환율 변동에 수요가 비탄력적이라 수요가 급작스럽게 늘지는 않겠지만, 판매 가격은 그대로이나 환율의 하락으로 수입원자재 가격은 상대적으로 낮아지는 것임으로 영업이익은 증가한다.

2017년 우리나라의 해외여행객은 2016년 2,238만 명에서 약 400

만 명이 증가한 2,600만 명을 기록하고 있다. 이는 우리나라보다 인구가 2배나 되는 일본의 해외여행객 1,800만 명을 압도하는 것이고, 2016년 출국율 40%로 세계 1위를 기록한 대만을 넘어서는 기록이다. 우리나라의 현재 출국률은 50%로, 세계 1위 국가가 되었다.

총 인구의 절반 이상이 해외여행을 가는 나라는 당연히 서비스 경상수지 부분에서 적자국이 될 수밖에 없다. 2017년 말 기준으로 우리나라의 여행 적자 규모는 150억 달러에 이르고 있다.

해외여행객이 증가하는 이유를 언론에서는 경기 회복, 소득 증가, 저가항공사LCC의 시장점유율 증가로 보고 있다. 반면 외국인의 국내여행은 중국의 사드보복조치, 한반도의 군사적 위험 증가 등의 요인으로 줄어들었다고 보도하고 있다.

개인적으로 우리나라에 입국하는 해외여행객이 줄어든 것은 환율 문제보다 본질적인 문제들, 이를 테면 콘텐츠의 개발 부족, 한정된 여행자원, 서비스 품질의 하락 때문에 있다고 생각한다. 같은 돈을 내고도 국내여행보다 해외여행이 가성비가 좋다면 여러분은 어느 선택을 할 것인가. 여행을 상대적으로 싸게 가는 것도 일상생활의 재테크로 자리 잡을 정도로 여행은 돈 이상으로 삶의 중요한 가치가 되었다.

다음 표는 환율의 변동이 가져온 여행사 매출액의 변화다.

이 시기에는 원/달러만 강세를 보이는 것이 아니다. 원/엔도 강세를 보였다. 원화가치가 상승하면서 소득이 적은 계층마저도 해외여행에 나서고 있다.

2. 환율과 금리의 변동과 위기 대응 시나리오

| 국내 3대 여행사 매출 |

(단위: 억 원)

	2016년	2017년
하나투어	4,457	5,009
모두투어	1,789	2,140
인터파크	711	795

환율이 하락하는 시기에 해외자산에 투자를 하면 해외자산 투자로 얻는 이익보다 환율의 변동으로 얻는 환차익이 더 커져 개의 꼬리가 몸통을 잡아먹는 현상이 발생할 수 있다. 그러나 이 반대의 상황을 항상 염두에 두고 있어야 한다.

2017년 초 정말 많은 사람들이 비과세 해외펀드에 투자하는 해외 펀드 열풍이 불었다. 결과는 어떠했을까. 해외펀드 투자로 벌어드린 이익을 환율 하락으로 다 까먹고도 그 이상의 손실을 입었을 가능성이 크다. 그러나 펀드 환매를 2019년까지 늦췄다면 그동안 원/달러 환율의 상승으로 입은 손실을 커버했을 것이다. 이렇게 환율의 변동으로 우리가 웃고 울고 하는 일은 모두 환율이 마법을 부리기 때문에 발생하는 일이다.

원화 강세는 환율의 하락하는 속도가 투자이익을 넘어섰기 때문에 발생하는 현상이다. 만약 원화 약세 시대가 예상되는 상황에서 해외 펀드 투자를 하다가는 언제든 환율 하락장세가 올 수 있음으로 환차 손이라는 역풍을 받을 수가 있다. 즉 원/달러 환율이 상승하는 시기에 해외자산에 투자하는 일은 앞으로의 환율을 예측을 한 다음에 해도 늦지 않다.

따라서 투자의 결론을 미리 결정하는 것보다는 시장의 흐름을 주목해 봐가면서 투자를 할 것인지 보류할 것인지를 결정해야 한다.

2. 환율과 금리의 변동과 위기 대응 시나리오

국가도 마이너스 대출 통장이 필요해

　　　　　　　은행에서 무담보로 대출한도를 설정해주는 마이너스 통장대출은 대출을 받은 사람의 신용도를 역으로 증명해주는 것이다. 마이너스 대출을 한도 제한 없이 무한대로 받는 것은 최고의 신용등급을 가진 사람이라도 어려운 일이다.

　우리가 마이너스 통장대출을 받는 이유는 지금 당장 쓰기 위해서가 아니다. 혹시 모르는 긴급히 돈이 필요한 위기 상황에 대비해서 받아두는 것이다.

　마이너스 대출통장의 이자는 대출한도 금액 내에서 실제로 대출받은 금액에 대해서만 계산되기 때문에 대출한도를 많이 받았다고 해도 쓰지 않으면 이자를 낼 필요가 없다. 따라서 앞서 말한 대로 마이너스 통장대출은 긴급히 돈이 필요할 때를 대비해서 만들어두는 예비비 성격의 돈이지 당장 쓰기 위함이 아니다.

　은행의 무담보 신용대출 조건은 까다롭기가 이루 말할 수 없다. 개인의 소득증명도 기준에 맞아야 하고, 거래실적도 있어야 하며, 무엇보다 일체의 연체 사실도 없어야 한다. 마이너스 통장대출은 담보 없이 받는 신용대출로 대출심사가 까다롭다.

신용대출 조건을 맞췄다고 해도 은행은 개인의 신용등급을 10단계로 분류해 등급마다 차별적인 금리를 적용한다. 신용등급이 1등급에 해당하는 사람들은 4% 이내의 금리로 대출을 받을 수가 있지만, 그 다음 단계부터는 가산금리가 적용되어 3~4등급에 해당되는 사람도 대출금리가 10%를 훌쩍 뛰어넘는다.

은행에서 신용대출을 받는 일도 쉽지 않지만 낮은 금리로 신용대출한도를 많이 부여받는다는 것은 개인의 신용등급이 우수하다는 것을 역으로 증명하는 것이다.

앞에서도 언급했지만 은행의 마이너스 통장대출은 당장 쓰기 위한 것이 아니라, 예비비 개념으로 미리 확보해두는 것이다. 살다보면 누구나 예기치 않은 돈이 갑자기 필요한 시점이 있다. 개인만 그런 것이 아니다. 개인에게 마이너스 대출을 해주는 은행들도 마찬가지다.

대항해 시대 이후 유럽의 강대국이었던 영국은 세계의 금융 중심지였다. 영국에 지점을 두고 있는 주요 은행들은 상호 약정을 맺어, 유동성의 위기가 발생하는 경우에는 은행 간에 단기자금을 빌려주기도 하고 빌리기도 한다. 이러한 안전장치를 해둠으로써 은행은 지불 준비금을 확보하는 수단으로 활용하고, 은행의 유동성이 고갈되는 상황에서도 고객의 인출요구에 언제든 지불 가능하도록 준비되어 있다는 것을 증명함으로써 은행의 대외신임도를 높이는 결과로 이어졌다. 이렇게 은행은 신뢰를 확보함으로써 고객이 은행에 돈을 믿고 맡길 수 있게 만드는 것이다. 우리나라의 금융회사들도 상호 콜거래 약정을 맺고 유동성을 상호 공유하는 장치가 마련되어 있다.

영국 런던에 지점을 두고 있는 은행 간에 이동하는 콜머니의 기준이 되는 금리를 리보LIBOR, London Inter-bank Offered Rates금리라고 한다.

여러분은 리보금리와 관련한 기사를 자주 접해왔을 것이다. "국내 은행이 리보금리 스프레드 0%로 외화자금을 차입했다"는 기사는 해당 은행의 재무건전성이 역으로 증명되는 것이다. 런던 국제 금융시장에서도 다른 은행과 콜머니 약정이 되어 있다는 것은 역으로 해당 은행의 국제적 신용도를 증명하는 것이다.

이렇게 은행이 유동성의 위기가 닥쳐도 유사시에 대비해 자금을 조달할 수 있는 창구를 만들어 놓았다는 것은 해당 은행을 거래하는 고객들에게 신뢰감을 줄 수가 있다.

한동안 우리 외환시장은 한반도를 둘러싸고 있는 정치·지정학적 대립구도로 말미암아 코리아 디스카운트라는 말이 생겨날 정도로 해외 투자자들은 국내 상황을 불안하게 지켜봐왔다. 그러나 해외 투자자들은 우리나라가 캐나다와 무기한, 무제한의 통화를 교환하는 통화스왑계약을 체결하자 우리나라의 신임도를 높여 보고 있다.

스왑Swap 거래란 미래의 특정기간을 상정하고 특정상품을 상대방의 상품 또는 금융자산과 거래하는 것이다. 따라서 국가 간의 통화스왑 거래란, 통화스왑협정을 맺은 두 나라가 각자 자국의 통화를 상대국 통화와 맞교환하는 방법이다. 금융위기가 발생하면 상호 간에 자국의 통화를 맡기고 협정국가의 통화를 차입할 수 있는 중앙은행 간의 신용계약이라고 할 수 있다.

국가 간에 통화스왑을 체결하는 것은 개인이 은행과 마이너스 통장대출약정을 맺는 것과 같은 효과를 노리고 하는 것이다. 해당 주체가 개인과 은행에서 국가 간의 협정이라는 것으로 그 주체를 달리할 뿐 기대하는 효과는 같다고 할 수 있다.

만약 IMF 외환위기 당시 우리나라의 대외신용도가 높아서 선진국과 통화스왑협정을 맺고 있었거나, 환율의 급락에 탄력적으로 대응할 수 있는 변동환율제도를 운용했다면, 외환위기에 적절하게 대응할 수 있었을 것이다.

원화 강세 현상이 발생할 때 이를 지켜보는 시장의 의견은 다양하다. 혹자는 원화 강세는 일시적인 것으로 단기간에 조정될 것이라고 말하고, 또 다른 이들은 원화 강세 현상이 장기간에 걸쳐 계속될 것이라고 말을 한다. 전자의 말이 맞다는 생각이 들면 하루 빨리 달러를 사두거나, 환차익을 예상하고 해외주식, 해외펀드에 투자할 것이다. 후자가 맞다면 환율이 약세로 바뀌는 시점까지 기다렸다가 투자하는 것이 맞을 것이다.

이 부분에 대해 필자는 환율은 원인이 아니고 결과에 가깝다고 생각한다. 따라서 환율이 올라서 경제가 좋아졌다, 나빠졌다기보다는 경제운영의 결과로 수출이 늘고 경상수지가 흑자를 기록하면서 원화의 가치가 상승한 것이지 환율이 하락해서 수출경기가 좋아진 것은 아니라는 점이다. 그러나 원화 강세 국면이 지속되는 경우 수출기업의 실적이 악화될 가능성이 높아져 원화의 약세로 환율의 상승 국면이 올수 있다.

환율이 변동하는 것은 양면성이 있다. 왜냐하면 환율이 오를 때 좋아지는 부분이 있고, 환율이 내려서 좋은 부분이 상호 공존하기 때문이다.

환율의 방향성은 외국인 투자자들이 국내에 투자하는 중요한 요인 중 하나임으로, 환율이 하락해 외국인 자금 유입이 증가하면 국내 주식시장도 상대적으로 풍부해진 유동성으로 강세 국면을 지속할 것이다. 환율의 가치가 하락할 것이라고 예상되는 시점에서는 외국인세력이 매도 포지션으로 전환될 수 있기에 주가 하락에 무게를 두고 시장을 보는 것이 맞다고 생각한다.

여러분이라면 어느 쪽에 포지션을 두고 투자할 것인가. 해외자산 투자는 환율 예측이 투자 결과의 모든 것이라고 할 정도로 환율의 방향에 따라서 투자이익을 환차손이 잡아먹는 현상이 되풀이 된다.

훗날에 벌어질 일들을 심사숙고 하지 않고 순간에 반응하는 언론의 선동적 기사를 믿고 따를 것인가. 아니면 환율의 상승 국면이 지속된다는 것에 무게를 두고 투자를 할 것인가. 결국 결론은 여러분의 몫이다. 투자의 결과는 스스로 책임지는 것이다. 그래서 투자라는 세계는 개인에게 고독한 싸움이라고 정의하고 있는 것 아니겠는가.

만성 적자국 미국의
달러 기축통화 시대는 끝나가는가

여러분은 자격 미달인 사람이 완력만으로 자리를 고수한다고 가정하면 어떤 생각이 드는가. 정의롭지 않다고 생각할 것이다. 현재 미국은 만성적 재정 적자국가이면서도 기축통화국의 지위를 누리고 있는 것은 세계 최강의 군사력을 무기로 한 패권주의가 그 배경에 있다고 생각한다.

역사적으로 기축통화국의 지위라는 것은 군사적, 경제적 패권국가가 차지하는 몫이었다. 현재의 미국은 군사적 패권국가일지는 모르지만 경제적으로 초강대국은 아님에도 기축통화국의 지위에서 내려오지 않는다. 이것은 군사적으로 초강대국이라는 지위를 이용해서 통제받지 않고 달러화를 발행함으로써 세계경제를 그들의 입맛에 맞게 조작하고 길들이기 때문에 가능한 것이다.

우리의 경제학 교과서들은 이 사실을 아무 의심 없이 서술하고 있다. 따라서 우리 역시 기축통화국으로서의 미국의 지위를 아무 의심 없이 받아들이고, 심지어는 미국의 시각에서 세계경제를 바라본다. 우리가 독재자에게 길들여지는 것은 처음부터 독재자와 무릎 끓고 마주하기 때문이다. 독재자와 같은 눈높이에서 세상을 바라본다면 그 순간부터 독재자는 더 이상 두려움의 대상이 아니다.

팍스 로마나Pax Romana라는 말은 로마의 아우구스투스 시대부터 5 현재 시대까지 200년간 이어진 평화의 시대를 말하는 것이다. 팍스 아메리카나Pax Americana라는 말은 팍스 로마나를 빗대어 제 2차 세계 대전 이후 세계 초강대국으로 떠오른 미국의 힘에 의해서 유지되고 있는 세계 평화를 말하는 것이다. 역사적 시점을 초월해서 이 두 나라가 갖고 있는 공통점은 압도적인 군사력을 바탕으로 세계의 경제를 지배했다는 것이다.

문헌에 의하면 세계 최초의 기축통화는 팍스 로마나 시대의 데나리온에서 시작되었다고 한다. 1데나리온은 하층 계급의 하루 품삯에 해당되는 돈이다. 1데나리온은 은 3.8그램으로, 로마번성기에는 은 함유량이 100%이었지만, 로마의 국력이 쇠퇴해감에 따라 은 함유량은 4%까지 떨어졌고, 로마의 멸망과 함께 역사 속으로 사라졌다.

기축통화는 역사적으로 힘의 우위를 기반으로 경제력을 지배하는 나라의 통화가 되었다. 19세기 초인 1816년 당시 가장 강력한 국가였던 영국에 의해 금본위제가 채택된 이후 미국이 뒤늦게 이 대열에 합류하면서부터 금본관증을 지폐가 대신하는 시대가 열리게 되었다. 그러나 양차 세계대전 이후 영국이 힘을 잃고, 새로운 초강대국으로 떠오른 미국이 세계 기축통화국의 자리를 물려받게 된 것이다. 기축통화란 국제무역, 금융거래를 할 때 세계 각국 통화의 달러화 대비 교환 비율을 정하는 기준이 되는 통화를 말한다.

제 2차 세계대전 종전을 1년 앞둔 1944년, 44개국에 이르는 전승국들은 워싱턴에 소재하고 있던 브레튼 우즈 호텔에 모여 종전 후 세계의 기축통화를 정하게 된다. 이때부터 공식적으로 미국 달러의 시대가 시작되었다고 할 수 있다.

브레튼 우즈 협정에 의하면 금 1온스당 35달러로 하는 금태환제 Gold exchange를 실행하는 것을 골자로 하고 있다. 금태환제는 미국 정부가 그들의 이익이 되는 한에서 달러를 무제한으로 발행하지 못하게 하는 일종의 안전장치였다. 그러나 미국은 이마저도 일방적으로 폐기해 버린다. 미국이 군사적으로 초강대국이 아니었다면 불가능한 일이었다.

그런데 오늘날에는 미국이 군사력으로 압도적인 우위를 갖고 있다고 해도, 경제력 면에서 보면 세계를 주도하는 국가라고 말할 수 없다. 믿기 어려운 얘기가 되겠지만 미국은 지난 40년간 3년만 빼고 만성적인 재정 적자국이었다. 오죽하면 미국의 제 1수출품이 달러라는 말까지 나왔겠는가. 미국은 이미 오래전에 초강대국으로서의 경제력을 상실했다.

그런데 왜 만성 재정 적자국인 미국 달러화의 기축통화 시대는 계속되고 있는가. 우선 그동안 어떠한 일이 있었는지 살펴봐야겠다.

미국은 제 2차 세계대전 이후에도 군사적 강대국의 지위를 놓지 않기 위해서 막대한 군사비를 지출하여 왔다. 이 과정에서 정치인과 방산업체 간의 협업은 군산복합체라는 말이 생겨날 정도로 서로의 이해관계에 충실했다. 군산복합체 경제에서 성장한 미국의 매파들은 겉으로는 세계평화를 위해서라고 하지만 방산업체의 이익을 도모해주기 위해 끊임없이 세계 곳곳에서 벌어지는 전쟁에 참여한다.

그리하여 끝내는 그들의 무덤을 파는 베트남전쟁에까지 개입하게 된다. 전쟁의 실상은 경제적으로 이익을 도모하기 위한 추악한 뒷거래가 배경에 있다.

미국의 매파들이 베트남전쟁에 개입해 엄청난 달러를 쏟아부으면서 재정 적자가 눈덩이처럼 불어나자, 미국은 1971년에 달러의 금태환을 기본으로 하는 브레튼 우즈 협정을 일방적으로 폐기해 버린다. 미국이 금태환제를 폐기하고 달러화를 마구 찍어 되면서 세계경제는 단 한 번도 경험하지 못한 스태그플레이션 상황에 직면한다. 스태그플레이션이란, 경기는 불황이지만 물가는 오르는 경제 현상을 말한다. 세계 각국은 미국에 의해 발생한 스태그플레이션으로 고통받게 된다.

그런데도 미국은 어떻게 해서 기축통화국의 지위를 상실하지 않았던 것인가. 미국의 매파들은 막강한 군사력을 무기로 이스라엘과 아랍연맹 간에 벌어진 중동전쟁을 이용했다. 당시 OPEC의 의장국이던 사우디아라비아에 교활한 국제협상꾼 국무장관 키신저를 보내 미국이 사우디 왕가를 보호해준다는 명분을 내세워, 세계의 모든 국가의 원유결제대금을 달러화로만 결제하게 하는 밀약을 성사시킨다. 석유 없이는 단 하루도 사업이 돌아갈 수 없는 화석연료의 시대이기에 중동국가에서 석유를 사오기 위해서는 달러가 필요하다. 미국은 사우디 왕가와 석유대금을 달러로만 결제하게 하는 밀약을 맺음으로써 모든 국가들이 달러에 의존하게 만들었다. 이로써 미국은 금을 달러와 연계시키지 않고도 기축통화의 지위를 유지할 수 있게 된 것이다.

화폐를 무제한적으로 찍어내면 이는 필시 인플레이션을 불러온다. 그러나 석유의 결제대금을 달러만으로 결제하게 함으로써 미국에 의해서 무제한으로 발행된 달러가 세계 모든 국가에 뿌려지는 효과를 거두게 되었다. 미국은 달러를 무제한으로 발행해도 위험이 분산되는 효과를 보게 되었고, 미국이 받게 되는 충격도 그만큼 줄어든다.

그래서 당시 유행했던 단어가 바로 달러를 무기화한다는 의미인 오일 머니Oil dollar이다. 결론적으로 미국의 기축통화 지위를 유지시켜준 것은 미국의 막강한 군사력 덕분이지 경제력이 우위에 있어서는 아니다.

군사력의 우위를 바탕으로 하는 미국의 기축통화 시대는 세계의 경제력이 분권화되는 시대를 가속화시키고 있다. 정의론에 입각하여 볼 때, 앞으로 세계통화시장은 어떻게 재편되어야 할까.

19세기 후반 이후 무제한으로 언어의 복제가 가능한 포스트 모더니즘의 시대가 열리면서 대중조작에 의해 언제든지 거짓을 진실로 둔갑시키는 언어조작의 시대가 만개하였다고 한다.

우리는 항상 진실과 거짓이라는 매우 단순한 명제 앞에서도 그 둘을 구분하지 못하는 시대를 살고 있다. 진실은 과연 어디에 있는 것인가.

용어 해설

스태그플레이션Stagflation

스태그플레이션은 경기침체Stagnation와 인플레이션Inflation의 합성어다. 불황기에는 물가가 하락하고 호황기에는 물가가 상승하는 것이 일반적이지만, 경기 불황 속에서도 물가 상승이 동시에 진행되는 상태를 말한다. 1970년 이후 새롭게 등장한 경제용어이다.

OPECOrganization of the Petroleum Exporting Countries**(석유수출기구)**

중동 산유국들이 국제 석유자본에 휘둘리지 않고 자국의 이익을 위해 만든 국제이익단체이다.

2. 환율과 금리의 변동과 위기 대응 시나리오

3

초보자가
알아야 할
환율의 모든 것

환율이 떨어지면
금리는 오른다?

금리가 오르면 환율은 내려간다. 환율의 하락(원화가치의 상승)은 금리와 반비례 관계에 있다고 할 수 있다.

금리는 이자율을 말하는 것이다. 한 나라의 금리는 그 나라의 중앙은행이 결정한다. 이를 우리는 기준금리라 하고 정책금리라고도 표현한다. 기준금리가 정책금리라고 한다면 시장금리는 노량진시장에서 물고기의 상태에 따라 가격이 실시간으로 결정되는 것처럼 외환시장의 동향, 발행기업의 재무 안정성에 의한 리스크와 비례해서 결정된다. 이런 면에서 시장금리는 살아있는 생물 물고기로 가격을 매기는 것이라고 말할 수가 있다.

시장금리가 실시간으로 금리가 변동되는 것과 비교해 기준금리는 매월 한 차례, 금리 인상요인이 없다고 판단되면 수개월이 지나도 변하지 않는다.

3. 초보자가 알아야 할 환율의 모든 것

중앙은행은 보통 기준금리를 이용하여 통화량을 조절한다. 금리를 인상하면 사람들은 은행에 저축을 늘리고 대출은 줄이게 된다. 결국 시장의 통화량은 줄어들게 된다. 반면에 금리를 인하하면 은행 저축은 줄이고, 대출은 늘린다. 결국 금리를 인하하면 통화량은 줄어들게 된다. 금리와 통화량은 역의 관계를 갖는다.

금리와 환율의 관계를 알아보기 위해 금리를 인상하는 경우와 인하하는 경우를 구분해 알아보도록 하자.

우선 금리를 인상하는 경우다. 시장에서 통화량이 증가해서 통화량을 줄이기 위해 금리를 인상하면 통화량은 줄어들게 된다. 통화량이 줄게 되면 화폐의 희소성 현상이 나타나 화폐의 가치가 상승하게 된다. 즉 통화량과 화폐의 가치는 역의 관계를 보인다.

이것을 환율의 관점에서 본다면 화폐의 가치는 상대국의 화폐가치에 대한 자국화폐의 교환비율임으로 자국의 화폐가치가 상대적으로 상승하게 되면 환율은 하락하게 된다.

상대국의 화폐가치가 불변이라고 가정하면 결과적으로 금리를 인상하면 환율은 내려간다. 금리를 인하하는 경우에는 정반대의 현상이 나타난다. 시장의 통화량을 줄이기 위해 금리를 인하하면 통화량은 줄어들고, 화폐가치는 하락하게 된다. 그러면 환율은 자국의 화폐가치가 상대적으로 낮아지는 것임으로 환율은 상승하게 된다. 결론적으로 금리를 인하하면 환율은 올라간다.

금리, 화폐가치, 통화량, 환율 간의 관계를 요약하면 다음과 같다.

- 금리가 오른다는 것은 통화량은 줄어들고 화폐가치는 상승하며 환율은 떨어진다는 것을 의미한다.
- 금리를 내리면 통화량은 증가하고 화폐가치는 떨어지고 환율은 오른다.
- 환율이 지속적으로 오르면 통화량은 줄고 금리는 오른다.
- 환율이 지속적으로 내려가면 통화량은 늘고 금리는 낮아진다.

양적완화정책은 자국의 수출경쟁력을 제고할 목적으로 정부가 인위적으로 시장에 개입해 자국의 통화가치를 가급적 약세로 유지하고자 경쟁하는 것이다.

2008년 국제 경제위기 이후 세계 각국은 내수 확대와 수출 증대를 통해 경기 회복을 도모했다. 그러나 이는 곧 한계점에 이르렀고 이에 따라 수출 확대를 위해 자국의 통화가치를 약세로 유지하고자 하였다. 자국통화의 가치가 약세를 보이면 수출제품의 해외가격이 낮아짐으로 매출 증가를 가져왔다.

따라서 양적완화정책은 일종의 근린궁핍화정책Beggar-my-neighbor policy이라고 볼 수 있다. 국제무역에서 상대 국가를 궁핍하게 만들면서 자국의 경기 회복을 도모하는 것이기 때문이다.

근린궁핍화정책Beggar-my-neighbor policy

근린궁핍화정책은 상대국의 희생을 전제로 자국의 이익을 추구하는 경제정책이다. 영국의 여류경제학자 J.V.로빈슨이 명명한 것으로, 트럼프게임에서 상대방의 카드를 전부 빼앗아 온다는 '베거 마이 네이버Beggar-my-neighbor'라는 말에서 유래되었다.

환율이
부동산시장에 미치는 영향

박근혜 정부가 2013년 이후 소위 초이노믹스라는 부동산규제완화정책을 실행하면서 부동산 가격은 단기간에 크게 올랐다. 그러나 문재인 정부가 집권하면서 부동산정책의 방향을 서민, 실수요자들의 주거 안정을 목표로 정하고, 이 목표에 걸림돌로 작용하는 다주택보유자를 직접겨냥한 부동산규제정책을 계속해서 내놓고 있다.

정부는 부동산시장을 계속해서 누르려 하고 시장세력들은 10년간 지속되어 온 저금리 시대에 부동산을 핵심 투자수단으로 삼아오면서 정부와 시장세력 간의 힘겨루기 양상은 아직도 계속되고 있다.

정부의 부동산규제정책에도 불구하고 대한민국 부동산시장에서 가장 핫 플레이스 지역으로 꼽히는 강남 부동산이 재건축단지를 중심으로 계속 오르자, 정부는 이를 막기 위한 부동산규제정책을 계속 내놓고 있는 것이다.

이제 정부는 부동산규제정책의 마지막 순서라는 보유세 인상 카드까지 꺼내들고 있다. 양도소득세는 부동산을 팔지 않으면 세금부과가 없는 거래세이다. 반면 보유세는 부동산을 갖고만 있어도 앉아서 세금을 내는 것이기 때문에, 그동안 부동산 버블의 주범으로 여겨져 왔던 다주택자들도 가장 겁내는 정책이다.

아직은 다주택자의 간담을 서늘하게 할 정도로 보유세 인상이 높지 않지만 현 정부는 그들이 의도하는 대로 부동산시장이 재편되지 않으면 보유세 추가 인상을 포함한 부동산규제정책을 계속 추진할 것이다.

대한민국 부동산은 정부의 정책도 정책이지만, 금리와 환율의 변동, 이로 인해 달라지는 시장의 유동성에 가장 큰 영향을 받는다.

따지고 보면 박근혜 정부 시절의 부동산 가격 상승은 대출규제가 완화되고 저금리가 지속되면서 갭 투자, 레버리지 투자세력이 급증한 것에 이유가 있다. 그러나 최근 들어 대출금리가 오르고 대출규제가 강화되면서 레버리지 세력들의 탄알 공급수단이 끊어지고 있다. 또 2018년에는 아파트 입주물량만 44만 가구에 이르고 있다. 이는 노태우 정부 시절의 200만 호 주택건설 이후 최대 입주물량이다.

우리나라 사람들에게는 여전히 부동산은 불패신화로 인식되고 있다. 그러니까 부동산은 사두면 오른다는 신화가 머릿속에 자리 잡고 있는 것이다. 실제 해방 이후 부동산은 다른 투자자산과 비교해 급격한 우상향의 기울기를 이어오고 있다.

정부의 규제정책으로 부동산 가격이 떨어지면 우량물건을 상대적으로 낮은 가격에 매입할 수 있다고 생각하는 사람도 많다. 실수요자라면 현재 부동산 가격이 더 오르고 정부의 부동산정책에 신경 쓰는 시간에, 수도권 교통의 혁명이라고까지 불리는 수도권 광역 교통망GTX 수혜지역 중에서 미래에 가격 상승여지가 많은 똘똘하게 지어진 아파트에 투자하면, 시간이 문제이지 가격이 오르는 일은 문제도 아니다.

　수도권 아파트시장은 이 기준이 불합리하다 해도, 서울 중심권으로의 이동시간과 비례해서 아파트 가격이 정해진다. GTX 광역 교통망 개발의 수혜지역이면서 도시 인프라가 상대적으로 잘 갖춰진 곳인 수도권 외곽의 파주 운정신도시, 남양주 다산신도시, 별내신도시 등 찾아보면 실수요자가 투자할 곳은 널려 있다. 정부의 규제정책에 겁먹고 자신이 다주택자도 아님에도 부동산 투자에 손 놓고 있으면 차후에 오른 가격으로 다시 아파트 투자를 생각해야 하는 시점이 반드시 온다.

　필자는 특별히 부동산에 애정을 갖고 있는 사람이 아니다. 투자상품의 가치는 절대적인 가치가 없다고 믿는 사람이다. 투자상품은 경제 흐름, 정부의 정책 방향에 따라 투자시장에서 가장 경제성이 높은 상품을 찾아 투자하면 된다. 요즘 언론에 나오는 부동산 관련 기사들을 보면 온통 비관적인 기사뿐이다. 그러나 이럴수록 냉정을 되찾고 시장의 흐름을 지켜봐야 한다.

환율이 부동산시장에 미치는 영향이 크면 얼마나 크겠는가. 우리는 환율을 보면서까지 부동산 투자를 결정하지도 않는다. 부동산 투자를 결정하는 가장 중요한 요소는 금리와 유동성이다.

그런데 환율이 부동산시장에 미치는 영향은 드러나지 않아 소홀히 할 수도 있다. 그러나 환율이 부동산시장에서 가장 큰 영향을 미치는 금리의 결정과 유동성에 미치는 영향이 지대하다면 환율을 무시할 수만도 없을 것이다.

우리나라의 원/달러 환율은 계속해서 상승하고 있다. 환율의 상승, 즉 원화 약세 국면이 지속되는 경우 수출비중이 높은 우리나라에서는 불리한 것은 아니지만, 환율의 상승은 수입원자재 가격의 상승을 불러온다는 측면에서 내수경기에 부담으로 작용한다.

세계 주요 경제국가들이 자국통화의 가치를 인위적으로 낮추는 양적완화정책에 필사적인 노력을 기우리는 것은 자국통화의 가치를 낮춤으로써 자국기업들이 생산하는 제품의 국제경쟁력을 높여 경제를 활성화하기 위함이다.

지금 원화의 약세보다 시장에서 주목해야 하는 것은 환율의 상승 속도이다. 달러 대비 원화의 약세는 달러 이외에 타국통화의 약세와 비교되기 때문이다.

우리나라의 경제회복세를 주목하는 사람들은 2017년 3~4분기에 국내총생산GDP 증가율이 전기 대비 1.4%로 2010년 2~4분기(1.7%) 이후 최고치를 기록하고 있다는 점을 말하고 있다. 우리나라의 원/달러 환율은 2017년 11월 한 달 동안에만 4%가 올라, 호주 달러 3.2%,

영국 파운드화 1.8%, 일본 엔화의 0.2%가 하락한 것과 비교해 많이 하락한 것이다.

원/달러 환율의 하락은 상업부동산에 영향을 미친다. 이는 단순히 말해서 환차익을 기대하는 미국자본의 국내 부동산 투자가 증가한다는 가정 아래 성립되는 얘기다. 외국자본들은 국내 부동산에 투자할 때 주택보다는 상업용, 산업용 부동산에 치중한다.

원화가 강세이면 원/달러 환율은 하락하는 것으로 동일한 가격의 부동산을 상대적으로 환율의 하락 폭만큼 싸게 사는 것이다. 외국인 투자자들은 가격 상승보다 환차익을 노리고 국내 부동산에 투자한다.

원화의 강세라는 것은 어쨌든 전반적으로 경기가 좋아졌다는 것을 의미함으로 경제 활성화로 상업용, 산업용 부동산이 활성화된다. 하지만 부동산 가격은 공급, 수요, 정부의 정책, 금리에 의해 더 많은 영향을 받기 때문에 환율의 변동이 직접적으로 부동산시장의 가격에 절대적인 영향을 미친다고는 할 수 없다.

환율이 강세라는 말의 다른 표현은 경기가 활황 국면에 접어들었고, 정부는 개인의 주거비용을 낮추는 방향을 통해 부동산에 투자되는 자본을 기업 투자에 돌리는 정책을 펴고 있다는 것이다. 따라서 경기는 좋아지고 있지만, 반대로 부동산 경기는 나빠질 수 있다.

결론적으로 환율은 경기를 반영하지만 부동산은 경기 흐름과 반대로 진행될 여지가 있다.

3. 초보자가 알아야 할 환율의 모든 것

환율의 변동과 재테크 전략

만약에 원화의 상승 국면에 해외펀드나 달러 예금에 투자했다고 가정해 보자. 결과는 어떻게 됐을 것 같은가. 해외펀드에 투자한 후부터 환율이 계속 하락해 해외주식, 달러 예금으로 벌어들인 이익을 다 까먹고 손실만 입었을 가능성이 크다. 환율의 하락으로 인해 발생하는 환차손이 이익을 잡아먹는 현상이 발생했기 때문이다. 따라서 언론의 기사만을 보고 환율이 하락했다고 무조건 달러 예금, 해외펀드에 투자하는 것은 자제해야 한다.

해외자산 투자는 환율의 예상이 선행된 다음에 투자를 할 것인가, 말 것인가를 결정해야만 한다. 2017년 11월 경제 기사를 보면 원화가 강세 국면이니 해외자산상품인 달러 예금, 해외펀드에 투자하라는 기사 내용이 가장 많았다.

이 기사는 원화 강세가 고점을 찍고 있으니 앞으로 해외펀드에 투자한다면 환율의 상승으로 환차익이 발생하기 때문에 수익이 체증

될 것이라는 것을 전재로 해서 쓴 기사다. 그러나 그 후 환율이 상승했다. 신문기사를 믿고 환율의 예측 없이 투자한 사람만 손해를 입었다. 물론 아직 환매기간이 남았고 수익률이 그나마 양호하다고 위로받는 사람도 있을 것이다. 그러나 처음부터 환율의 방향을 예측하고 투자시기를 조종했다면 안 해도 될 마음고생만 사서 한 것이 아닌가.

해외자산에 투자하려 한다면 원화 강세라는 문구에 현혹되지 말고 우선 환율의 방향을 읽고 대응해야 한다는 점을 명심하기 바란다. 그리고 요즘에 나오는 펀드상품들은 파생상품을 덕지덕지 붙여나서 전문가조차 상품설명서를 꼼꼼히 읽지 않으면 상품의 옵션내용을 이해하기 쉽지 않다.

해외펀드를 단순히 자산운용사에서 설계한 것을 위탁 금융회사에서 사는 것으로 단순하게 생각하면 안 된다. 요즘에 출시되는 펀드상품들은 설계한 사람만이 이해할 정도로 복잡하게 설계된 상품이 너무 많다. 국내 증권시장에 상장된 해외 ETF만 해도 그 종류와 펀드유형에 따라서 옵션조항이 얼마나 다양한가. 너무 복잡해 상품설명서를 읽어 봐도 도대체 이해가 가지 않는다. 간단한 주식 투자가 자산운용사에만 들어갔다 나오면 펀드로 변신하면서 아주 복잡한 상품으로 변한다. 이렇게 복잡하게 해놔야 투자자가 이해 못하고, 괜히 복잡하면 뭔가가 있을 것이라는 사람의 심리를 이용하는 측면도 있다.

2017년 해외주식이나 펀드에 투자해서 주가가 올라서 좋아했던 사람들은 원/달러 환율의 하락으로 앉아서 날벼락을 맞은 꼴이다. 해외 투자 열풍이 불면서 원화 강세의 충격이 좀처럼 가라앉고 있지 않다.

2017년 9월 말의 국제 투자 대조표 자료에 의하면 2017년 3분기 중 대외금융자산(대외 투자)의 증권 투자에서 비거래 요인 증가폭은 88억 달러였고, 같은 기간 동안 대외금융부채(외국인 투자)의 증권 투자 비거래 요인 증가폭은 90억 달러였다.

2017년 3분기 중 국내투자자가 해외주식, 채권에 투자해서 벌어드린 비거래 요인 수익보다 적었다. 하지만 증권 투자 규모는 국내투자자의 해외증권 투자가 외국인 투자 규모보다 10배에 달한다. 3분기 대외금융자산에서 증권 투자 항목은 272억 달러 늘어난 반면에 외국인투자자의 대외금융부채의 증권 투자는 35억 달러에 그쳤다.

주요 국가의 주가와 환율변동률을 비교해 보면, 3분기 중 우리나라의 주식 투자 비중이 높았던 미국의 주가상승률은 4.9%, EU 4.4%, 일본 1.6%, 홍콩 6.9%, 브라질 18.1%였던 반면 우리나라의 코스피 상승률은 고작 0.1% 수준에 그쳤다.

결론적으로 3분기 해외 투자를 결산해 보면 해외주가는 올랐지만 다른 나라의 통화가치가 오르면서 달러 환산액에서 환차손이 발생했다.

반면 외국인의 국내 증권 투자 규모는 적었지만 삼성전자, SK하이닉스, 등 외국인 투자비중이 높은 종목이 주가 상승을 주도하면서 많은 이익이 발생했다.

해외 투자 붐이 일면서 비과세 해외펀드가 인기를 끌었다. 비과세 해외펀드를 환헤지 없이, 달러로 투자한 경우 펀드의 수익률이 발생해도 환율이 하락하면 환차손이 수익을 잡아먹는 현상이 발생한다.

환헤지 없이 해외증권 투자에 나서면 투자대상국의 증시가 호황이고 여기에 투자대상국의 통화가 강세를 유지하는 경우에는 수익률은 2배 이상의 이익을 보지만, 투자대상국의 주가가 떨어지고 통화의 가치마저 약세로 돌아서면 손실 폭은 2배 이상 늘어난다.

지금 해외 투자에 신중하라는 것은 감만으로 말하는 것이 아니다. 2017년 1월 1,210원으로 시작한 환율은 2017년 11월 29일 기준으로 1,079원을 기록하면서 10% 이상 떨어졌다. 2018년 6월 이후부터는 그 반대의 흐름이 이어지고 있다. 2018년 10월 초에 원/달러 환율은 1,140원대까지 올랐다. 결국 해외펀드는 투자시점에 따라 환율의 변동으로 환차익을 볼 수도 있고 반대로 환차손을 입을 수도 있다.

2017년 11월에서 2018년 10월까지 환율 흐름을 보면 환율의 변동이 주기적으로 짧아졌고 수시로 변동된다는 것을 말해주고 있다. 따라서 환율이 단기간에 수시로 변동되기 때문에 투자자는 환율의 병동을 세심히 예측하고 투자전략을 세워야 큰 손해를 보지 않는다.

수출기업의 입장에서는 2017년에 초에 대금결제를 유예하고 2017년 말에 가서 대금결제를 받거나 환위험을 회피하기 위해 일정환율로 선물환계약을 맺었다면 피해는 입지 않았을 것이다. 그러나 막연하게 환율이 오른다는 생각만으로 투자를 할 수는 없다. 따라서 해외자산 투자는 개인의 포트폴리오 전략의 일환으로, 여유자금을 장기간 분산 투자한다는 생각으로 투자할 것을 권한다.

현재의 원화 약세 국면이 언제까지 이어질지는 아무도 모른다.

2019년 상반기 환율이 추가적으로 더 상승할 것이라고는 하지만 이 것도 그때 가 봐야 알 수가 있다.

　일반사람들에게 환율이 떨어지는 것이 좋은가 아니면 오르는 것이 좋은가를 물으면, 대다수의 사람들은 원화 강세 국면이 좋다고 말할 것이다. 원화의 강세, 즉 환율 하락은 물가 안정은 물론이고 해외여행 을 상대적으로 싼 가격으로 다녀올 수가 있어 경기 흐름을 바로 체감 할 수가 있기 때문이다.

　환율이 오르면 주가는 내리고 주가가 오르면 반대로 환율은 떨어 진다.

　국내 주식시장에서 투자금이 증가하면 주가는 오른다. 외환시장 에서 달러의 유입이 증가해도 국내주가는 오른다. 외국인 투자자들 이 국내증시에 투자를 하는 경우 달러화를 원화로 환전하여 투자하 기 때문에 원화의 통화량은 증가하고, 이는 주가 상승으로 이어진다.

　주식시장에서 외국인 투자자들이 1억 원에 A 기업의 주식을 매입 했다고 가정해 보자. 이때 외국인은 1억 원의 돈을 원화로 환전해 투 자한다. 즉 국내증시에 투자하기 위해서 원화가 필요한 외국인은 달 러를 매도하고 원화를 매입하는데, 외국인세력의 투자금에 따라 외 환시장에서 달러화의 변동이 발생하고 이에 따라 원화의 통화량도 변 동한다.

　달러화 대비 원화의 통화량이 줄어들게 되면 원화의 가치는 상승 해 원/달러 환율은 하락하게 된다. 주식시장에서 1억 원으로 주식을 사게 되면 자연히 주가는 상승하고 원화는 강세를 띠게 된다. 즉 원화의 강세는 원/달러 환율의 하락을 의미하며, 이때 주가는 상승한다. 따라서 환율은 주가와 역의 관계를 형성하게 된다.

반대의 경우를 생각해 보자. 외국인들이 예전에 매입했던 A 기업의 주식을 매도하고 1억 원의 원화를 달러로 환전하여 해외로 유출하는 경우, 원화는 1억 원이 증가하는 것임으로 원화의 통화량은 증가하고 원/달러 환율은 상승하게 된다. 주식시장에서는 1억 원의 달러가 빠져나가는 결과가 됨으로써 주가는 하락하게 된다. 이론상으로 그렇다는 말이다.

다만 외환시장은 통화량 이외에도 다양한 변수에 의해 움직인다. 단지 원화의 통화량이 변동되는 것으로 환율과 주가가 결정되지는 않는다는 것을 명심하자.

그러나 환율과 주가의 관계가 일반적 내용에서 벗어난다고 해서 경기에 영향을 줄 만한 변수가 발생하지 않는 한 예외적인 현상이 나타날 가능성은 높지 않다.

환율이 하락하면 외국인세력들은 환차익을 노리고 국내주식 투자 비중을 늘린다. 환율은 원인이 아니고 결과에 가깝다. 환율이 오르거나 내려서 경제가 좋아진다기보다는 경제가 좋고, 나쁨에 따라 환율이 변동되는 것이라고 보는 것이 맞다.

환율이 일정 부분 경제에 미치는 원인이 될 수는 있지만 지배적인 것은 아니다. 왜냐하면 환율이 올라서 좋은 부분이 있고 환율이 내려서 좋은 부분이 공존하기 때문이다.

원화 약세 국면이 당분간 지속될 것으로 예상되고 있다. 물론 이것과 반대되는 시각도 존재한다. 따라서 환율의 예측이 어려운 시점의 투자는 어느 포지션에서 투자를 하느냐에 의해서 투자의 결과는 확연히 달라진다.

수출호조는 외화자금의 유입, 환율 하락의 공식이 대체적으로 맞다. 원화 강세 국면에서도 현재 경제를 규정짓는 키워드라고 할 수 있는 양극화 현상이 나타나고 있다.

수출기업들은 수출량은 그대로인데, 환율이 10% 이상 떨어지면 영업이익은 대폭 줄어든다. 환율 하락으로 영업 손실이 발생하지 않는 기업은 현재 수출시장을 주도하는 일부 수출대기업 뿐으로, 환율 하락 국면에서는 국내기업의 실적이 개선되기를 기대하기가 어렵다. 그러나 모든 기업이 해당되는 것이 아니다. 일부라고는 하지만 수출 대기업이 수출에서 차지하는 비중이 상대적으로 높다는 것을 생각해 보면 원화 강세 국면일 때 전체 시장의 실적이 하락한다고 말하는 것은 문제가 있다.

우리는 환율이 하락하면 한국기업의 실적이 악화된다고 기계적으로 생각한다. 원인과 결과를 거꾸로 생각했기 때문이다. 환율이 하락하는 이유는 외국인이 적극적으로 국내증시에 투자하는 것에 있으며, 외국인들은 한국기업의 실적 전망에 매우 민감하다. 결국 국내기업의 수출호조가 외국인세력 유입을 가속화시켜 환율 하락이 계속되는 것이다. 따라서 국내기업들의 실적 개선, 외국인세력의 유입 증가, 환율 하락이라는 결과로 이어지는 것이다. 이런 관성을 이해하지 못하고 환율이 하락하면 수출기업을 무조건 매도하고 보는 것은 잘못된 결과로 이어질 수 있다.

환율 하락 국면에서는 수출기업의 가격경쟁력은 약화된다. 2017년 초 1,200원이었던 환율이 2017년 11월에 가서 1,100원으로 떨어짐으로써 기업의 원화환산 매출실적은 악화된다. 환율이 하락하는 시기가 한국의 수출이 개선되는 시기이며 수출이 증가할 때 수출주의 실적도 개선된다. 그러나 2008년, 2014년의 투자공간에서처럼 원화 강세가 이어져도, 우리나라 경제가 외국인이 보기에 매력적이라면 환율 하락이 증시 하락으로 이어지지는 않는다.

환율이 평가절상된다는 것은 우리나라의 경제가 그만큼 매력적이라는 것으로, 증시로 자금이 유입되는 것을 뜻하며, 따라서 매수에 포지션을 두고 주식에 투자해야 하는 시점이 될 수도 있다.

환율 하락 국면에서는 내수종목의 투자가 유망하다. 환율이 1,200원에서 1,100원으로 떨어지는 경우, 원재료를 전량 수입에 의존하는 기업은 제조원가가 10% 절감되는 효과가 있어 그 만큼 영업이익이 증가되기 때문이다.

환율은 금리와 역의 관계에 있음으로 금리의 하락(기준금리는 정책금리로, 정부의 정무적 판단에 영향을 받아 인위적인 금리 인상이 있을 수 있지만, 증권시장에서의 시장금리는 오히려 금리 인하 요인이 더 많다)으로 얻게 되는 반사이익도 크다. 반면 수출이 부진하면 우리 증시의 매력도가 감소하여 외국인세력이 이탈하고 수출업종의 하락이 환율 상승으로 이어진다.

역사적으로 원화가치가 올라갈 때가 주식시장의 대세상승기였다. 원화가 900원 정도에 이르면 수출기업의 실적이 급격히 악화되고, 증시의 투자 매력이 떨어지면서 다시 원화가 약세로 돌아 서게 된다. 수출기업에는 부정적이고, 수입내수기업에는 긍정적이다. 그러나 업황에 따라 다르고, 환율의 변동 폭에 따라 다르기 때문에 이를 획일적으로 말하기는 어렵다.

무엇이든지 이론은 현장의 경제 흐름과 유리되기 십상이다. 그래서 투자가 어려운 것이다.

특히나 주가 변동에 대한 원인은 복합적이다. 환율의 방향성은 외국투자자들의 중요한 투자 요인 중 하나다. 특히나 주식시장이 호황인 경우에는, 원화의 가치가 떨어질 것이라고 예상되는 시점에 가서 외국인이 매도 포지션에 치중하는 것을 예상해 봐야 한다. 환율이 주가에 영향을 미치는 것은 주식 가격보다는 환차익에 대한 외국인들의 투자가 증가하는 경우다. 환율은 기업을 운영하는 사람들에게는 절대적이라고 할 수 있으나 주가에는 큰 영향이 없다.

원화 강세 국면에서는 우선 달러를 매입해 미국주식이나 해외 ETF에 투자하는 것이 좋다. 만약 원/달러 환율이 1,000원 이하이면 달러 레버리지 ETF를 집중적으로 매수하는 것도 한 방법이다.

거시경제는 크게 상품과 서비스 부분으로 이뤄진다. 서비스 부분에 속하는 해외관광객 증가로 적자여도, 반도체를 비롯한 상품 부분이 흑자로 이어지기 때문에 원화가치가 높아진다.

환위험을 환해지 하라

'환해지'라는 말은 환율과 해지Hedge의 결합어로, 환율의 변동에 따른 위험을 회피하기 위해 현재 수준의 환율을 미래의 특정 시점으로 고정시켜놓는 것을 말한다.

만약 자동차회사가 현재의 환율로 환해지 계약을 맺는 경우 미래에 달러 대비 원/달러 환율이 급락하더라도 최초 계약 당시의 원/달러 환율이 적용되어 환율의 하락으로부터 오는 환차손을 방어할 수가 있다.

'해지'라는 말의 사전적 의미는 울타리로, 금전 손실을 막는다는 의미로 인용된다. 또한 원/달러 환율이 하락하면서 발생하는 환차손을 막기 위해 환매 시 환율을 현재의 환율로 사전에 고정해두는 것으로 환위험을 회피하는 것을 말한다.

환해지 방법으로는 한국무역공사의 '환율변동보험'과 은행의 '선물환거래', '통화스왑프'가 있다. 이 중에서 환율변동보험은 국내기업들이 주로 활용하는 환위험 커버 상품이다. 환율변동보험에 가입하면 한국무역공사가 확정된 결제 월별로 보장 환율을 기준으로 환율이 하락할 때 수출기업에 보험금을 지급하고, 환율이 상승할 때는 무역공사가 환차익을 환수한다. 그러나 중소기업들은 매출 규모가 작아 환위험을 관리하는 비용이 부담스러워 소극적인 것이 현실이다.

A 기업이 원/달러 환율 1,200원을 기준으로 하는 수출계약을 맺었다. 이후 대금결제 시점에 가서 환율이 1,100원으로 떨어지는 경우 A 기업은 수출금액의 약 10%에 해당하는 금액을 가만히 앉아서 손해를 보게 된다.

그러나 A 기업이 사전에 환율 하락을 예상하고 수출계약 시점에 환헤지 계약을 맺는다면 이후 환율이 하락해도 수출계약 시점의 환율인 1,200원에 대금결제를 받을 수 있다. 이를 통해 환율의 하락으로부터 오는 환차손을 사전에 방어할 수가 있게 되는 것이다. 그러나 A 기업은 환율이 상승하게 되어도 환차익은 받을 수 없다.

수출기업에게는 제조원가를 1%라도 줄이기 위한 노력을 하는 것도 중요한 일이나 환율 변동의 위험을 커버해 환차손을 입지 않는 일이 기업으로서는 더 경제적인 일이 될 수가 있기 때문이다.

환율 파생 상품
키코 참사

키코Kiko, knock-in, knock-out 사태는
2008년 금융위기가 발생하면서 환율이 요동치는 시기에 환율 예측을
잘못해 국내의 수많은 중소기업을 파산시킨 파생 상품이다. 키코 사
태는 결과론적인 얘기이지만, 우리에게 파생상품의 위험성을 제대로
알게 해준 사례로 기록되고 있다.

정확한 정보 없이 은행의 영업직원 말만 듣고 키코에 가입한 기업
들의 판단 착오도 문제이지만, 키코처럼 리스크가 큰 상품을 자세한
설명 없이 불완전 판매를 한 금융권의 도덕적 해이는 비난받아 마땅
하다. 이들의 과오가 법원으로부터 면제부를 받았다고는 하지만, 이
런 판매방식으로 자신들의 충성스러운 고객을 눈물 흘리게 하는 행위
는 이제 그만 근절되어야만 한다.

파생상품은 리스크를 잘 관리만 하면 매우 훌륭한 리스크 관리 수
단이 될 수 있다. 그러나 상품설계의 복잡성으로 인해, 일반인들은 리

스크 검증을 제대로 하지 못해 큰 손실을 입을 가능성이 커진다.

키코 사태로 건실한 중소기업들이 역사 속으로 사라졌고, 성장 동력을 가진 기업들이 성장할 기회를 키코에 가입하면서 사라져버린 것이다. 예시를 통해 좀 더 자세하게 키코 상품에 대해 설명해 보겠다.

키코 상품의 구조

약정 환율을 1,000원으로 정하고, 상한선을Knock-in을 1,200원으로, 그리고 하한선Knock-out을 800원으로 가정하겠다. 키코 상품은 800원에서 1,200원 사이에서 환율이 움직이면 기업은 손실을 입지 않고 일정액의 환차익을 얻게 된다.

약정 환율 적용, 계약금액의 2배로 의무거래

1,200원 : 현실 환율 적용. 환차익과 환차손이 발생하지 않는 상한선.

1,000원 : 약정 환율 1,000원 적용. 약정 환율과 현실 환율 차이만 환차익.

800원 : 계약 해지. 환차손 헤지를 못하게 되며 가입비용에 대한 손실이 발생. 하한선.

약정 환율 1,000원 기준

가. 환율이 1,000~1,200원 사이에서는 실제 환율 적용. 이득이나 손실 없음.

나. 환율이 800~1,000원 사이에서는 약정 환율 1,000원 적용. 환차익 발생.

다. 환율이 800원선을 한 번이라도 돌파해 떨어지면 계약의 해지로 인해 떨어진 환율 적용. 손실 발생.

라. 환율 1,200원선을 한 번이라도 돌파하면 약정액의 1~2배를 계약 종료 시 환율로 매입해 약정 환율로 은행에 팔아야 함으로 대규모 손실 발생.

실제 키코에 가입한 기업들은 서브프라임 모기지론 금융위기로 국내 환율이 치솟게 되면서 거액의 손실을 입게 되었다.

수출입을 하는 기업들은 거의 예외 없이 환헤지를 한다. 대기업은 회사 내에 전담부서가 있어서, 전문인력이 환헤지를 담당하지만 중소기업은 자체 내에 전문인력이 없어 금융회사들이 내놓은 환헤지 상품에 가입해 환위험을 관리하는 과정에서 환위험에 노출된다.

키코 사태에서 문제가 되었던 옵션은 환율이 1,200원 이상 상승하였을 때다. 키코의 가장 큰 위험이 되었던 구간은 상한선을 초과하는 구간의 옵션이다. 그런데 바로 그해에 서브프라임 모기지론 사태로 금융위기가 발생하면서 환율이 그 이상으로 급등하는 일이 벌어졌다. 이로 인해 외국계 자금들이 급속하게 빠져나가면서 당시의 환율은 1,500원 이상으로 급등하게 된 것이다. 대부분의 키코 상품들의 상한선이 1,100원대였음을 감안한다면 키코에 가입한 기업들에게는 거의 재앙 수준의 환차손이 발생했었다. 금융위기 당시에 키코에 가입하지 않았더라면 큰 폭의 환율 상승으로 막대한 환차익을 얻을 수 있던 기업들이 키코에 가입하면서 약정 환율에 약정 금액 2배로 매도해 엄청난 손실이 발생하게 된 것이다.

결과론적으로 환헤지 파생상품은 기업의 입장에서는 엄청난 재앙을 불러올 수 있는 파생상품이 될 수 있다는 것을 말해주는 것이다.

환율 변동에 따른
수혜업종 따라잡기

환율의 변동에 따라 업종 간 희비가 엇갈린다. 원화 강세 국면이 계속된다고 가정하면 과연 어느 업종이 수혜를 입을 것인가. 주가가 변동되는 이유는 경제적인 부분, 기업의 내재가치 변화, 투자자의 심리적인 부분 등 계량화할 수 없는 부분까지 포함된다. 단지 원화의 가치가 상승해 주가가 오른다고 보는 시각은 주식 투자를 너무 단순화시켜 보는 것이다.

환율 변동 방향에 따라서 긍정적 시그널을 보이는 업종이 있고 그렇지 못한 종목이 있다. 이 흐름의 연장선에서 환율 하락이 업종의 주가에 긍정적 시그널을 보이는 업종을 알아보는 것은 대략적인 주식시장의 흐름을 알아보기 위한 좋은 방법이다.

2017년 초 환율은 연중 최고점을 기록한 후 계속해서 떨어지고 있다. 환율은 2018년 1월 6일 1,062.7원으로까지 떨어졌다. 당시 환율이 하락했던 이유는 세계경제가 호황 국면을 지속하고 있었고, 그 흐름의 연장선 속에서 소위 이머징 마켓이라고 하는 베트남, 인도네시아 등의 신흥시장이 상대적으로 높은 경제호황을 누리고 있었기 때문이다.

당시에는 코리아디스카운트 현상에도 불구하고 평창올림픽을 전후로 남북 간에 유화 국면이 조성되었다. 그 결과 코리아디스카운트 현상이 많이 해소됐었다. 캐나다와의 무제한 무기한 통화스왑 체결을 맺은 것도 우리시장에 대한 대외적 투자의 안정성을 높이는 계기가 됐다.

2017년 우리나라 기업의 실적이 양호했다. 물론 이것은 삼성전자가 2년간 시가총액이 2배 상승할 정도의 실적이 반영된 부분이 크다. 그러나 일반 산업 부분은 부진했다. 이를 반도체, IT 기업의 실적이 커버한 것이다.

환율 하락으로 수혜를 보는 업종은 어느 업종인가. 미국, 유로통화국, 중국의 제조업의 투자 심리 지표가 강세다. 투자 심리 지표는 경기를 선행하는 성격이 있기 때문에 세계경제는 당분간 경기 확장세를 계속할 것으로 전망했었다.

당시 금속, 원유 등의 원자재 가격이 상승하고 있었고, 이에 따라 신흥국 통화는 크게 절상되고 있었다. 우리나라의 원화는 중국과의 사드 배치 문제가 무역 분쟁으로 이어져 절상 폭이 상대적으로 적었다.

미국의 법인세 대폭 인하조치를 중심으로 하는 세제개편은 미국 달러가 약세로 돌아서는 데 일조하고 있다. 세제개편으로 미국기업이 해외의 유보이익을 본국으로 송금할 시에 감세혜택을 받게 되어,

미국으로 송금하는 달러가 늘어날 것으로 예상되고 있었다. 미국의 회는 송금 달러가 6,000억 달러에서 8,500억 달러 사이로 2000년 이후 최고금액이 될 것이라고 예측하고 있었다.

그럼에도 불구하고 미국은 세제개편으로 재정 적자가 더 늘어날 것으로 분석하고 있다. 미국의 세제개편으로 인한 유발경제 효과가 크지 않을 경우에는 적자 규모는 더 커질 수가 있다. 결과적으로 미국은 세제개편으로 큰 효과를 보지 못하고, 오히려 달러의 약세 요인이 될 수 있는 상황이 된 것이다. 이 경우 원/달러 환율의 하락 현상은 더 가속화될 것으로 예상됐었다.

경기소비재는 환율 하락의 수혜업종으로, 경기소비재 종목은 자동차, 의류, 화장품, 여행, 호텔 종목으로 구성되어 있다. 이들 종목은 경기가 좋아 개인의 가처분소득이 늘면 개인의 구매가 늘어난다. 반면 필수소비재인 음식료, 담배 등은 경기와 관계없이 구매하기 때문에 환율 하락이 주가에 큰 영향을 미치지 않는다.

우리는 막연하게 환율이 하락하면 수출기업의 주가는 내려가고 원자재를 수입해서 판매하는 내수기업의 주가는 오른다는 이분법적 논리에 지배되어 왔었다. 그러나 꼭 그렇지만은 않다.

금융업종은 예금이자와 대출이자의 금리 갭을 말하는 예대마진이 수익의 기본 베이스다. 한국은행은 경기불황 시기에는 금리를 내려 경기를 촉진시키고, 반대로 경기가 호황이면 시중유동성을 흡수하기 위해 기준금리를 올린다.

한국은행이 금리를 올리면 은행의 대출금리는 예금금리보다 높게 형성되기 때문에 은행의 수익은 늘어나게 된다. 경기가 좋다는 말은 기업의 사업 여건이 양호해진 것으로, 기업의 채무불이행도는 줄게 된다. 따라서 기업의 파산에 대비해 쌓아둔 대손충당금이 줄어들게 된다. 이 또한 은행의 입장에서는 이익이 커지는 부분에 해당된다.

기업의 경쟁력을 결정하는
환율

이 세상에 존재하는 거의 모든 기업은 생산기지, 판매시장이 모두 글로벌화되어 있다. 이것은 단지 일부 수출 대기업에만 해당되는 것이 아니다. 국내 중소기업 중 노동 단가가 최종생산물의 가격에 절대적인 비중을 차지하는 봉제, 신발 등의 업종을 가진 기업들은 국내 생산으로는 세계시장에서 경쟁할 수 없기 때문에 생산기지를 전부 해외 저임금 국가로 이전하는 것이 보편화되어 있다.

자동차회사들은 전 세계 외주기업들로부터 부품을 공급받아 완성차를 만든다. 자동차회사들이 해외에서 부품을 공급받을 때 가장 고려하는 요소는 생산단가이다.

2000년 이후 거대 자동차 회사들의 해외 부품 공급이 대폭 증가하면서 수만 개의 부품을 조달해 제조하는 과정에서 대규모의 리콜 사태도 증가하고 있다. 이렇게 자동차의 조립과정에서 문제가 발생하는 것은 낮은 가격만을 쫓아 부품을 조달하는 구조적 문제에서 발생하는 것으로, 생산기지가 세계화될수록 증가한다. 실제 세계화 진척도가 빠른 토요타, 벤츠, BMW 등의 메이저 회사들에서 리콜 현상이 자주 발생한다.

애플은 미국기업이면서도 미국 내에는 제조공장이 없다. 미국의 본사에서는 연구 개발, 마케팅을 전담하고 제조는 대만의 홍하이 공업의 중국 내 공장인 폭스콘에서 전량 생산된다. 거의 모든 다국적 기업이 이러한 생산방식을 추구한다.

대기업 중심의 성장이 일자리를 늘리지 못하는 것도 가격의 우위요소를 확보하기 위해 생산기지를 제조단가가 적게 드는 해외로 돌리기 때문이다. 현재 대기업들은 모두 다국적 기업이다. 다국적 기업에게는 국가에 대한 충성도가 없다. 그들이 성장하는 이유는 단 하나, 대주주의 이익을 높여주기 위한 것이다. 그러니 대기업 중심의 성장이 일자리를 늘리지도 못하고 소득 분배의 구조만 악화시키는 결과로 나타나는 것이다.

생산과 물류 이동에 가격 우위요소가 있다면 기업은 지역을 가리지 않는다. 이렇게 경영을 하는 회사들도 유독 환율, 금리, 정부의 정책에는 민감하게 반응한다. 왜냐하면 환율의 방향, 조달 금리의 경쟁력, 세제개편이 자신들에게 유리한 국면이 조성되었을 때 이것이 기업에 얼마나 큰 경쟁 우위요소가 되는지 너무나 잘 알고 있기 때문이다.

기업이 생산하는 요소와 생산제품의 품질이 같다고 한다면, 기업이 생산하는 제품의 직접생산비 이상으로 환율, 금리, 법인세 등의 간접생산요소가 기업의 경쟁력에 절대적인 우위를 차지한다. 그러니까 직접생산요소에서의 우위요소가 대등하다면 간접생산요소인 세금, 금리, 환율이 해당 기업 제품의 세계경쟁력을 좌우한다.

국내 대기업들은 이명박 정부 당시 정부가 깔아준 고환율, 법인세 실질 감면 혜택이라는 꽃놀이패를 쥐고서 세계시장에서 그들이 생산한 제품이 날개를 달고 창공을 날아가는 것을 즐겼다. 대기업 중심의 성장정책은 그들만을 위한 것이었고, 그들의 꽃놀이를 지켜보기 위해 국민들은 값비싼 대가를 치러야 했다.

환위험을 관리하는
통화스왑

　　　　　　　　　　　스왑Swap이란 교환하다는 의미를
가지고 있다. 그러니까 통화스왑이란 서로 다른 통화를 일정 기간 교
환하여 이용하다가 돌려주고, 원래의 통화를 받기로 하는 금융기법
이다. 통화스왑은 일반적으로 환위험을 관리하기 위하여 개발되었
지만, 최근에 와서는 투자수익률을 높이는 수단으로 이용되고 있다.

　외국계 은행은 달러, 유로, 엔화 등을 들여와 원화로 환전하여 기
업이나 개인에게 대출하거나 주식, 채권 등의 유가증권에 투자한다.
외화를 들여와 이를 원화로 환전하는 과정에서 환율 변동으로 환위
험이 발생하게 된다.

　외화가 필요한 한국의 은행들은 자신들이 보유하고 있는 원화를
외화와 일정 기간 교환하는 통화스왑을 체결한다. 이렇게 통화스왑
을 체결하고 원화로 대출을 하거나 유가증권 등에 투자하면 환위험

을 회피할 수가 있다.

한편 한국의 은행들은 통화스왑을 한 외화를 기업이나 개인에게 대출을 한다. 만약 사후에 환율이 변동되더라도 은행들은 원화와 외화를 교환했음으로 환차손을 입지 않게 된다.

통화스왑은 국제자본을 활성화하는 데 기여하지만, 한편으로는 외환시장에 불안 요인으로도 작용하기도 한다. 외국계 은행들은 한국의 대출시장과 유가증권시장이 매력적일 때는 외화 투자를 늘리기 때문에 이는 외화의 유입, 원화의 공급 증가라는 공식이 성립하게 되어 환율 하락의 요인이 된다.

반면에 한국 금융시장의 리스크가 증가하거나(리스크가 증가하는 요인은 단지 경기불황의 문제만이 아니고 정치·군사적 위험의 증가도 중요하다) 한국경제의 불황으로 한국에 대한 투자 메리트가 사라지면 그동안 국내시장에 투자해왔던 주식, 채권, 대출금을 외화로 환전하여 유출하기 때문에 이 과정에서 외화의 유출이 증가함으로써 환율은 요동치게 된다.

통화스왑의 거래 당사자인 금융기관들은 환위험에서 자유로울 수는 있어도, 외화로 대출받은 사람들은 대출금을 상환해야 하기 때문에 환율 변동에 의한 환위험에 노출되게 된다. 반드시 그런 것은 아니지만 외화대출기업은 일반적으로 유동성의 위기를 겪을 수가 있으며, 이는 재무 상태의 악재로 작용해 주가는 하락하고, 기업에 대출해준 금융회사는 채무불이행으로 부실채권이 발생할 수 있다.

통화스왑 만기일에 가서는 돈을 차입한 외국계 은행에 달러를 돌려주어야 하는데 대출고객이 연체를 하거나 상환이 불가능해지면 한국의 은행들이 외환시장에서 달러를 확보하는 과정에서 환율이 급등할 수 있다.

자본시장이 개방되고 통화스왑시장의 규모가 확대되고 있는 상황에서 주식, 채권, 외환, 부동산 투자자, 수출기업, 해외유학생을 두고 있는 가정에서는 통화스왑시장의 환경 변화를 주의 깊게 살펴야 한다. 국제 금융시장이 안정되어 있고 한국경제가 호황을 구가하면 원/달러 환율이 하락하고, 원화 강세 현상이 두드러짐으로, 수출기업은 추가적인 환율 하락 가능성에 대비하여 선물환 매도 등을 고려해 볼 수 있다. 예상과 달리 환율이 상승할 경우 선물환 매도로 인해 손실이 발생할 수 있음으로 환율의 진행 방향을 세심하게 살펴 대응해야 한다.

통화스왑시장이 경색되거나 한국의 금융시장과 실물경제가 불안할 때는 원화가 약세를 보인다. 수입업체는 물론 여행사들은 환율의 추가적인 상승에 대비하여 선물환 매수 등의 방법으로 환위험을 관리해야 한다.

예상과 다르게 달러 환율이 하락하였을 경우에는 선물환 매수로 손해를 볼 수 있음으로 이 경우에도 환율의 진행 방향을 잘 지켜보고 대응해야 한다. 해외펀드, 주식에 투자하고 있는 사람들은 투자 손실 및 환차손을 크게 입을 수 있음으로 펀드를 환매하거나 주식을 손절매해야 한다. 통화스왑시장이 경색되면 환율이 상승 추세를 보이고 있다는 의미이므로 외화 표시 예금자는 환차익을 얻을 수가 있다.

쉽게 이해하는 선물 환율

　　　　　　　우리는 매년 초겨울에 접어들면 전통대로 우리나라의 대표적 염장식품인 김치를 담근다. 예전 같으면 100포기 이상 김치를 담그는 가정을 흔히 볼 수 있었지만, 최근에 와서는 가족 수가 줄어 이미 염장을 거쳐서 나온 배추로 김치를 담그는 가정이 늘었다. 이렇게 감장을 한다 해도 20포기 이상 김치를 담그는 가정은 드물다.

　매년 2017년에는 배추 농사를 짓는 농부들이 수요 예측을 못해 수요량을 초과하는 배추를 심어 수확기에 배추 값이 폭락하면서 배추를 뽑기도 전에 밭을 갈아엎는 사례가 늘고 있다고 한다. 유통비용이 갈아엎는 것보다 더 커서 오히려 손해가 되니 그렇게 하는 것이다.

　하지만 모든 농부들이 밭을 갈아엎는 것은 아니다. 사전에 가격 변동을 배제하고 배추 가격을 정해 계약을 하면, 배추 값이 떨어지든 말든 계약된 가격으로 배추 가격을 보장받음으로써 배추 가격 변동으로부터 오는 위험을 회피할 수가 있다. 즉 가격 변동의 위험을 헤징 Hedging 하는 것이 선물환의 개념이다. 선물환은 이와 같은 방법으로 달러를 사전에 사고 파는 계약을 하는 것이다.

선물환은 수출기업만 이용하는 것이 아니다. 원자재를 수입하는 내수기업들도 선물환으로 환율 변동의 위험으로부터 오는 가격 변동의 위험을 회피한다.

선물환은 일정 기간 후에 대금결제를 사전에 계약된 환율로 결제를 받는 것이다. 따라서 선물환은 일정 기간 내에 일정금액의 외국환을 일정한 환율로 미리 약속한 외국환계약이라고 말할 수 있다.

선물환 거래는 선물 거래의 개념이다. 사전에 정해놓은 가격으로 일정 시점에 상품을 매입하거나 매도할 수 있는 것을 약정하는 것이기 때문이다. 예를 들어 수출기업이 100달러의 물품을 수출하기로 하고, 대금결제 시점의 환율을 1,100원으로 하는 계약을 맺었다고 가정해 보자. 시간이 흘러서 환율의 변동의 생겼다고 해도 수출기업은 선물환계약대로 환율 1,100원으로 대금결제를 받으면 되기 때문에 환율의 변동으로부터 오는 위험을 회피할 수가 있다.

물류의 이동이 완전히 자유로워진 세계화 시대에서는 모든 기업이 환율 변동으로부터 자유롭지 못하다. 기업의 경영 활동이 자유로워지기 위해서는 다양한 환 리스크를 헤징하는 수단을 경영 활동에 이용해야 한다. 선물환은 바로 그 부분에서 중요한 역할을 담당하는 수단이라고 할 수 있다.

변동환율제도와 고정환율제도

환율이란 무엇인가. 사전적 정의를 내려 보자. 환율을 한마디로 정의한다면 우리나라 원화와 타국 통화 간의 교환비율을 말하는 것이다. 원/달러 환율이 1달러와의 교환비율이 1,000원이라는 말은 우리나라 돈 1,000원으로 1달러를 교환할 수 있다는 얘기가 된다.

세계시장에서 정부, 기업 또는 개인이 해외직구로 물건을 사오는 경우가 아니라면 우리나라의 기업들이 해외시장에서 상품을 사오는 경우 여기에 상응하는 돈을 지불해야 한다. 그런데 나라마다 경제의 규모, 국가경쟁력, 소득 수준, 금리가 다르다. 따라서 그 나라의 화폐가치 또한 다를 수밖에 없는 구조다. 그럼으로 상대국의 화폐 단위에 대해서 자국의 화폐가치를 합리적으로 정하여 교역한다. 이것이 환율이 정해지는 원리가 된다고 말할 수 있다.

3. 초보자가 알아야 할 환율의 모든 것

환율제도는 크게 고정환율제도와 변동환율제도로 구분된다. 고정환율제도는 정부가 인위적으로 자국의 환율을 일정 수준에서 확정짓는 제도를 말한다.

일례로 원/달러 환율을 1,000원으로 고정하고 고정된 환율이 변동이 있기 전까지는 정부가 정한 고정 환율을 사용한다. 고정환율제도를 사용하면 환율이 안정적으로 운용되는 측면이 분명히 있다. 그러나 정부가 인위적으로 환율을 조작할 수 있는 여지가 커지기 때문에 상대국의 감시에서 자유롭지 못하다.

반면 고정환율제도는 세계시장에서 환율에 대한 예측이 가능하기 때문에 경제적인 부작용을 최소화할 수 있다. 고정환율제도는 경제상황에 맞는 실질적 화폐가치를 반영하지 못하는 측면이 강해 급격한 외환 유·출입 현상을 초래할 수 있다는 면에서 문제가 있다.

우리나라는 1997년 IMF 외환위기 이후부터 '자유변동환율제도'를 택하고 있다. 고정환율제도는 제도의 운용과정에서 정부에 의해 노출되지 않는 경제의 사각지대가 존재할 수 있기 때문에 경상수지 적자 국면에서 발생하는 금융위기가 자칫 국가경제의 파탄으로 이어질 수 있다.

우리나라가 겪은 IMF 외환위기도 정부당국이 절대적인 권한을 갖고 있었음에도 안이하게 대처하다가 전체 국민이 희생되는 결과를 초래했던 것이다. 만약 우리나라가 사전에 정부당국의 통화정책을 투명하게 감시할 수 있는 시스템이 만들어지고 통화운용에 탄력적으로 대응할 수 있었다면 최악의 경제위기는 피해갈 수 있었을 것이다.

변동환율제도는 고정환율제도와 반대되는 개념으로, 환율의 실질적인 거래가치에 따라 탄력적으로 운용되는 환율제도다. 중앙은행이 경기상황을 봐가면서 신축적인 환율운용을 하는 데 있어 도움이 되는 제도라고 말을 할 수가 있다.

그러나 환율이 급변하는 국제 거래에서 안정성이 저하되어 금융시장의 불안정성을 야기시킬 수가 있다. 그럼에도 불구하고 우리나라를 비롯한 대다수의 선진국들은 변동환율제도를 택하고 있다. 금융위기와 각 나라의 재정위기가 환율제도를 바꾸는 계기가 되어 왔다.

기축통화국가인 미국도 베트남전쟁에 개입해 막대한 전비를 쓰면서 재정 적자가 발생한 직후에 고정환율제도에서 변동환율제도로 전환하게 됐다.

변동환율제도는 해당 정부가 자국의 환율정책에 개입하는 부분을 줄이고 좀 더 투명한 환율제도를 정착시킨다는 측면에서 고정환율제도와 비교해 진일보한 측면이 강하다.

환율제도는 해당 국가의 경제 발전 성숙단계와 경제 시스템, 해당 국가가 처해 있는 특수한 조건들에 의해 결정되는 것임으로, 선진국과의 동일한 기준을 적용시켜 무조건 변동환율제도가 비교우위에 있다고는 말할 수가 없다. 다만 경제 시스템이 선진화된 국가들은 금융위기가 발생해도 대응능력으로 충분히 갖추고 있기 때문에 변동환율제도가 갖고 있는 장점을 잘 활용할 수가 있다.

정부가 국가의 경제정책을 틀어쥐고 교통정리에까지 나서는 개발국가에서는 고정환율제도가 국내 산업을 보호하고 물가 통제를 하는 효과가 있다고 말하지만, 실제로 물가 안정 효과는 크지 않다.

3. 초보자가 알아야 할 환율의 모든 것

자본의 경계가 사라지고 선진국의 자국이기주의가 팽창한 시대에는 아무리 약소국이라도 자국의 기업을 위한 일체의 국가 지원을 허용하지 않는다. 때문에 약자에 대한 일체의 자비심이라고는 없는 동물의 세계와 마찬가지로 신자유주의 경제 시스템 하에서 후개발도상국들이 살아남기 위해서는 고정환율제도를 유지하는 것만으로는 생존을 보장받기 어렵다. 또 우리나라도 경험했듯이 고정환율제도는 금융위기가 발생하면 유연하게 대처하기도 어렵다.

　　결론적으로 환율제도는 해당 국가의 경제 성숙도, 대외경제 성장 전략에 따라 각기 다른 상황을 고려해서 결정하는 것이 맞다. 우리나라처럼 국내 대기업의 경쟁력이 선진화되어 있고 해외여행 인구가 인구당 세계 최고인 국가로 세계화 지수가 매우 높은 나라라면 변동환율제도가 최적의 경제적인 제도이다. 반면 세계화의 진척도가 낮고, 자국 사업의 세계경쟁력이 크게 떨어져 국가의 보호가 필요한 국가에서는 고정환율제도와 변동환율제도 중 어느 제도가 유리한지를 심사숙고해서 결정해야 한다.

빅맥 지수로 알아보는
평가절상과 평가절하

햄버거는 맥도널드 같은 세계를 대상으로 하는 거대 프랜차이즈 회사들이 시장을 장악하면서 뉴욕, 싱가포르, 일본 등 어느 나라에서 사 먹든 같은 햄버거를 먹을 수 있는 장점이 있다. 그런데 맛은 같아도 각각의 나라에서 먹는 햄버거의 가격은 차이가 난다. 나라만 다르지 같은 햄버거를 먹는 것인데 가격 차이는 왜 나는 것일까. 이런 궁금증을 한 번쯤은 가져봤을 것이다.

거대 프랜차이즈 기업 맥도널드의 햄버거 가격은 국가마다 다르다. 빅맥 지수는 이렇게 국가마다 다른 햄버거 가격을 가지고 각국 통화의 가치를 평가하는 도구 중 하나로 쓰이고 있다.

빅맥 지수라는 용어를 만들고 그 개념을 전파시킨 것은 영국 주간지 〈이코노미스트〉로, 1986년에 처음 사용해 오늘날까지 쓰이고 있다. 〈이코노미스트〉는 세계 120개국의 빅맥 가격을 달러로 환산해 매분기별로 발표하고 있다.

빅맥 지수의 원리는 일물일가의 법칙과 구매력 평가에서 시작된 개념이다. 이 말의 뜻은 어느 국가에서나 햄버거라는 물건이 똑같다는 측면에서는 동일하지만, 환율은 각국 통화의 상대적 구매력을 반영한 수준으로 결정된다는 개념에서 시작된 것이다.

빅맥 지수의 기본은 세계 전 지역에서 팔리는 햄버거의 판매 가격을 기준으로 해당 국가의 통화가치를 역으로 알아보는 개념이다. 만약 햄버거 가격이 우리나라보다 미국이 100원이 싸다면 우리나라의 원/달러 환율은 달러와 비교해 고 평가된 것이다. 이는 환율 하락을 뜻하는 것이고 다른 표현으로는 원화의 가치가 상승한 것으로 원화의 평가절상이라고 표현한다.

환율을 설명하는 데 있어서, 기본적인 개념은 우리나라의 통화인 원화가 달러화 대비 강세로 원화의 가치가 올라가면 이것은 환율 하락으로 표현하고, 반대의 경우 즉 달러화 대비 원화의 가치가 떨어지는 경우를 환율의 상승으로 표현한다. 이를 원화의 기치가 하락했다는 의미로 평가절하라는 표현을 쓴다. 따라서 환율 하락은 원화의 가치가 높아진 것이고, 환율 상승은 원화의 가치가 하락했다는 의미다. 이 내용은 환율공부의 아주 기초적인 개념이면서 누구나 다 아는 것이지만 다시 한번 상기하자는 의미에서 반복해 쓰는 것이다.

빅맥 지수가 낮아지는 것은 그 폭만큼 자국 통화가치가 달러화보다 저평가되었다는 것을 의미한다. 햄버거 하나의 가격이 3,000원 하던 것을 4,000원을 지불하고 사 먹는다는 것은 같은 햄버거를 살 때 더 많은 화폐를 지급하게 되는 것이다. 이는 자국의 화폐가치가 평가절하되는 것으로 환율의 상승을 의미한다.

2017년 초 원/달러 환율이 1,200원이던 시점에 미국 뉴욕에서 3달러를 지불하고 햄버거를 사먹었는데, 한국으로 돌아와 동일한 품목의 햄버거를 4,000원에 사 먹었다고 가정해 보자. 원/달러 환율 1,200원을 기준으로 보면 한국에서도 3,600원에 사 먹어야 정상인데 4,000원에 사 먹었다는 것은 미국인보다 400원을 더 주고 햄버거를 사 먹는 결과가 된다. 국내 햄버거가 미국에서 사 먹은 햄버거보다 비싸다는 것은 우리의 원화가치가 미국 달러와 비교해 400원 하락하였다는 것을 의미하며 이것은 환율이 상승해서 야기된 결과로 볼 수 있다.

세상에는 햄버거 이외에도 수도 없는 재화들이 존재하고 있다. 이 상품들의 현지 가격은 각 나라의 세금, 거래비용이 각기 다르기 때문에 일물일가의 법칙이 성립되기 어렵다.

빅맥 지수는 이러한 상대적 물가 상승을 반영한 상대적 구매력을 비교해 볼 수 있다는 점에서 의미가 있다.

3. 초보자가 알아야 할 환율의 모든 것

환율과 금리 그리고
통화량

통화량은 유동성이라는 말과 등가를 형성하는 개념이다. 저금리 현상이 지속됨으로 해서 실제 경기 내용 이상의 가격 거품이 커지고 이 국면을 활용해 레버리지 투자가 증가한다. 이 과정에서 실제 경제 내용 이상의 버블이 발생하고 이는 물가 상승이라는 악재로 이어진다. 이 같은 상황이 온다면 한국은행은 어떻게 대응을 할까. 일단 기준금리를 올려 시중의 통화량을 환수할 것이다.

경기가 호황 국면에서는 수출기업의 매출이 급증하고 외국인세력의 투자도 늘어간다. 이 결과 원화는 강세가 되고 이에 따라 원/달러 환율은 하락한다. 따라서 수출경기의 호전과 외국인세력의 투자 증가로 외화 유입이 가속화되면 달러화의 원화 환전이 증가해 통화량은 증가하고 환율은 하락하며 금리는 내린다. 이것이 전형적인 환율, 금리, 통화량의 관계를 교과서적으로 풀어 얘기한 것이다.

요즘처럼 지수함수적으로 세상이 변화하는 시대에서는 한 가지 요인만으로 경제 흐름이 변화하는 것은 아니지만 기본적 원리는 알아두는 것이 다른 변형된 시장의 흐름이 찾아온다고 해도 적용시킬 수 있는 내공이 생긴다.

통화량은 일정 시점에 금융시장 이외에 민간 부분이 보유하고 있는 현금통화의 일체를 말한다. 시중에 통화량이 증가하면 시중금리가 하락하고 주식과 부동산 가격이 상승할 가능성이 높다. 이것이 바로 유동성 논리다.

그 반대의 경우 통화량이 감소하면 시장금리가 상승하고 주식 및 부동산 가격이 하락하는 경향이 있다. 일반적으로 달러화에 대한 수요보다 공급이 많으면 환율은 하락하고 달러 유출이 많은 시기에는 환율이 상승하지만 환율 변동은 통화량의 증가와 감소를 수반한다.

사안을 단순화시켜 보자. 수출이 잘 된다는 것은 외화 유입이 많다는 것이고, 이에 따라서 한국증시를 낙관적으로 본 외국인 세력이 증가하면 달러 유입이 많아지고 국내 투자를 위해 외화를 원화로 바꾸는 비중이 늘게 되면서 원화의 통화량은 증가한다. 통화량 증가는 금리 하락으로 이어진다. 통화량이 증가하고, 금리는 하락하는 상황에서 정부마저 기준금리를 인하하는 정책으로 포지션을 잡고, 여기에 대출규제마저 완화시킨다면 부동산은 크게 오른다. 이 상황은 박근혜 정부에서 추진됐던 소위 초이노믹스 경제 흐름과 같은 것이다.

문재인 정부 초기에서는 원화강세로 환율이 하락하고 통화량은 증가하였다. 정부는 정상적으로 기준금리 인상을 단행했고(2017년 11월까지의 상황) 환율, 통화량, 금리는 정부의 시장 개입으로 호전됐다.

　수출호황으로 벌어들이는 외화가 증가하고 외국인 주식 투자자금이 유입되면 환율 하락 국면에서는 시중 통화량은 증가한다. 달러, 유로, 엔화 자금이 국내로 유입되면 원화로 환전하여 투자되기 때문에 원화의 통화량이 증가하는 것이다.

　통화량의 증가 요인에는 수출의 증가, 외국인세력들의 달러화 투자자금 유입 등과 더불어 국내 시중은행들의 외화차입이 증가하면 발생되는 현상이다. 정책당국의 외환시장 개입도 환율과 관련된 통화량의 증가 요인이 될 수 있다. 일례로 정책당국이 환율 하락을 방어하기 위해 시중에서 달러화를 방출하는 경우 통화량은 증가한다.

　경상수지 흑자와 외국인 주식 투자 유입자금 증가로 환율이 하락하는 시기에는 유가증권 상장시장에 공개되어 있는 상장기업의 매출액과 영업이익이 증가한다. 환율은 원인이 아니라 경제운용의 결과로 나타나는 것이기 때문이다. 또한 달러화의 공급이 늘어나면 통화량은 증가함으로 금리가 하락하고 시중유동성이 주식시장에 몰려 주가가 상승한다. 마찬가지로 통화량이 증가함에 따라 시중의 돈이 채권, 부동산시장으로 유입되어 이들 자산의 가격이 오르기도 한다.

　경상수지 적자가 발생하고 미국의 금리 인상으로 외국인 투자자금이 이탈하는 경우와 단기 외채 상환 등으로 환율이 상승하는 국면에서는 통화량이 감소한다. 벌어들이는 외화보다 쓰는 외화가 많고 외국인 투자자금이 환전이라는 절차를 거쳐 국외로 **빠져나가면** 단기 외채를 상환하기 위해 은행이 국내 대출을 줄이거나 대출금을 회수에 나서기 때문이다.

환율 변동에 의한 통화량 감소 요인에는 수입 증가, 외국계 은행들의 본국으로 달러 송금 증가, 외국인 투자자금 이탈, 시중은행의 외채 상환 등의 요인으로 달러화 유출이 발생하는 경우다.

정책당국의 외환시장 개입도 환율과 관련된 통화량의 감소 요인이 될 수 있다. 정책당국은 환율 상승을 억제시키기 위해 달러를 시장에 매각하고 원화로 거둬들이면 통화량을 감소시킨다.

경상수지 적자, 외국인 투자자의 이탈, 단기 외채 상환 등으로 환율이 상승하는 국면에서는 주식 및 채권 가격은 하락하고, 시장금리는 상승하여 부동산 경기도 침체되어 가격이 하락하는 경향을 보인다.

경상수지 적자가 발생한다는 것은 대부분의 상장기업이 국제무역에서 영업이익이 감소하는 것을 의미한다. 그러므로 외국인 투자자 이탈 등으로 달러화에 대한 수요가 증가하면서 시중유동성을 흡수하는 상황이 발생한다.

환율 상승 국면에서는 통화량이 감소하고, 환율 하락 국면에서는 통화량이 증가하는 것이 일반적 현상이다. 주가와 금리는 주가지수가 하락하면 채권 가격이 상승하는 경향이 있다. 그러나 환율의 상승 폭이 확대되는 상황에서는 주가지수가 하락함에도 채권 가격이 동반 하락하는 현상이 발생한다. 환율이 상승하면 시중유동성이 경색되기 때문이다.

환율이 상승하면 시장에서의 통화량이 줄어들어 주식과 부동산 가격이 하락한다. 이러한 환율과 통화량의 관계를 이용해 투자에 활용

3. 초보자가 알아야 할 환율의 모든 것

하는 것은 중요하다.

　시장의 통화량을 늘리기 위해 금리를 낮추면 화폐가치는 하락하게 된다. 따라서 자국의 화폐가치가 상대적으로 낮아지는 것임으로 환율은 상승하게 된다. 상대국의 화폐가치가 불변이라고 가정하면, 결론적으로 금리를 인하하면 환율은 상승한다.

환율, 금리, 통화량의 관계 정리 요약

* 금리가 오른다는 것은 시중에 유통되고 있는 통화의 양이 줄어드는 것임으로 화폐의 가치는 상승하고 환율은 떨어진다. 따라서 환율과 금리는 역의 관계를 형성한다.
* 금리가 낮아진다는 것은 돈의 수요에 비해 공급이 많다는 것으로, 통화량은 증가하고 화폐가치는 떨어지기 때문에 환율은 오른다.
* 환율이 지속적으로 오르면 통화량은 줄고 금리는 오른다.
* 환율이 지속적으로 내리면 통화량은 증가하고 금리는 낮아진다.

기축통화제도의 명과 암

다음 글은 2017년 5월 10일 미국의 재무부가 미국의회에 제출한 환율보고서 일부 내용이다.

"미국은 인위적으로 왜곡된 환율이 부당하게 우리의 수출에는 불이익을, 교역국에게는 이익을 주는 국제무역에서의 짐을 감당할 능력도 의지도 없다. 우리는 불공정한 환율 조작 관행을 적극적으로 감시하고 철저히 지키기 위해 노력을 할 것이다."

2015년 발효된 무역촉진법에 따라 미국 재무부는 주요 교역국들을 환율과 관련이 있는 대 미국 무역 흑자, 경상수지 흑자, 일방향 환율 개입 등 구체적인 지표와 그 지표의 임계치를 설정해 평가한다. 불공정 관행을 추구하는 나라가 이를 시정하는 적절한 조치를 취하지 않을 경우 제재를 가할 수 있도록 했다.

미국은 지난 40년 가운데 단 세 차례를 제외하고는 무려 37년 동안 경상수지 적자를 기록하고 있다. 상식적으로 생각해 볼 때 막대한 규모의 누적 적자를 떠안고 있는 미국경제가 과연 앞으로 빚을 상환할 능력이 있는지 의문스럽다.

동시에 미국은 도대체 어떤 연유로 지구상의 그 어떤 나라도 감당할 수 없는 기축통화로서 달러가 누리는 특권을 가지게 됐는지에 대해서 생각해 보지 않을 수 없다. 사실 오랜 기간 동안 이러한 우려와 의문이 제기 되어왔으나 명확한 답을 찾지는 못했다.

기축통화Key currency는 교역대금결제에 시용되는 통화를 말한다. 기축통화는 무역 거래대금의 결제통화이면서 만일의 위기에 대비하는 준비통화로서의 기능도 중요하다. 2008년 금융위기 당시 우리나라는 약 2,000억 달러에 이르는 외환보유고를 가지고 있었지만 환율이 급등하는 것을 막지 못했다.

그 시점에 환율이 급등했던 가장 큰 이유는 외국인 투자자의 주식, 채권 매도의 규모가 예상을 초과하여 일시적 폭투 현상이 벌어져 시장에 공포가 확산되었기 때문이다. 특히 외환보유고의 상당 금액이 매매가 어려운 자산에 투자되어 있어 유동외채보다 가용 외환보유고가 적을 수 있다는 공포를 가졌던 것도 환율의 변동성을 키운 요인으로 작용했다.

따라서 대부분의 국가는 위기 상황에 대비해 충분한 외환보유고를 가지고 싶어 한다. 다시 말해서 외환위기, 금융위기에 대비해서 기축통화의 기능을 하는 달러화와 유로화로 축적하기를 원한다.

미국의 만성적인 경상수지 적자로 인해 기축통화로서의 달러화의 지위가 흔들리고 있다고 하지만, 아직까지 세계 중앙은행들의 외환보유고의 약 60%가 달러화로 구성되어 있다. 유로화의 비중은 26%, 영국 파운드화의 비중은 4% 수준에 불과해 외환보유고의 구성 비중으로만 볼 때는 달러화의 지위는 여전하다고 볼 수 있다.

그러나 2008년 금융위기 이후 환율전쟁이라는 말이 등장할 정도로 미국과 치열하게 환율전쟁을 치러왔던 중국은 달러화의 기축통화에 대한 의문을 끊임없이 제기하고 있다.

기축통화를 가진 국가는 무역 및 자본거래에 있어서 매우 편리하다. 미국은 만성적인 재정 적자에도 불구하고 재정 적자를 매우기 위한 국채 발행이 용이하다. 이것도 기축통화국으로서 미국이 갖는 이점이다.

무역 적자국이자 세계 최고의 소비국가인 미국은 무역거래를 하면 할수록 달러가 빠져나가고 세계 각국들은 무역을 통해 벌어드린 달러를 보유함으로써 미국 달러화에 대한 자국의 통화가치를 높여왔다. 이 흐름의 연장선에서 원화 강세의 흐름이 있었다고 볼 수 있다.

환율전쟁 시대를
어떻게 이해할 것인가

환율전쟁은 군사력을 동원한 전쟁과는 다른 것이다. 환율전쟁은 치열한 경제 시대에 자국의 경제 성장을 위해 강대국 간에 힘겨루기를 하는 것이다. 국가 간에 경쟁은 피해갈 수 없는 부분이다. 그러나 경쟁은 공정해야 한다. 어느 특정 국가가 강대국이라는 지위를 이용하여 상대국에게 불리한 제도를 강요할 수는 없다.

타 국가의 환율정책에 간섭한다든지 아니면 기축통화국의 지위를 이용하여 자국의 통화를 무제한 방출하여 인플레이션을 야기시키고 낮아진 자국통화의 가치를 무기로 삼아 경제 성장을 꾀한다면 이것은 정당한 경쟁이라고 할 수 없다.

2008년 금융위기 이후 세계 각국은 경기진작을 위해 자국통화의 가치를 낮춰 경쟁력을 확보하는 통화정책을 경쟁적으로 실행해 오고 있다. 환율이 총이 되고 상대를 무력화시키는 힘의 원천이 되는 시대가 도래한 것이다.

왜 세계 각국들은 인위적으로 자국의 통화가치를 낮추기 위해 광분하는 것일까. 자국의 통화치를 인위적으로 낮출 경우 수출제품의 가격경쟁력이 높아져 수출이 늘고, 자국의 경상수지도 개선되기 때문에 그렇다.

그 연장선에서 보면 미국이 환율정책을 통해 얻고자하는 가장 중요한 목표는 자국의 무역수지 적자를 해소하는 것이다. 즉 자국이기주의 발상에서 시작된 것이다. 최근 미국의 재정 적자가 대폭으로 늘어난 것은 2008년에 있었던 서브프라임 모기지론 사태로 인해 버블화된 자산이 붕괴되면서부터다. 그러나 미국은 중국, 일본 등 대 미국 무역흑자국이 미국의 경제를 경제위기 발생이 훨씬 취약하도록 만들었다며 사태의 본질을 왜곡시켜 왔다. 하지만 미국경제의 침체원인은 과거에 미국소비자들이 소득에 비해 과도한 소비를 해왔고, 2008년 위기 당시에는 현재의 수입으로 예전의 부채를 갚아나가는 과정에서 위기가 증폭된 것이다.

미국은 이미 2조 달러에 달하는 부채를 갚았지만 아직 7조 달러의 부채가 남아 있다. 그래서 현재의 수입이 현실적인 구매력으로 전환되지 못하면서 미국 스스로 경제쇠퇴를 초래하고 있는 것이다.

미국은 중국이 20%의 위안화 평가절상을 단행한다면 중국의 무역흑자는 GDP 대비 3% 수준으로 줄어들 것이라고 말하고 있다. 이는 중국의 무역 흑자 규모를 반으로 축소하는 것이다.

중국의 입장에서는 미국의 급진적인 위안화 평가절상 요구가 매우 황당할 것이다. 또 전체 경제에도 부정적인 영향을 미친다. 미국이 중국에게 환율을 몇 차례 절상시킬 것을 요구하면서 환율전쟁을 촉발시킨 것이다.

우리는 오랜 기간 냉전 시대를 살아오면서 미국의 이익이 우리나라의 이익이 된다는 시각에서 세계경제를 바라봤다. 그러나 미국의 이익은 우리나라를 위한 것이 아니라 말 그대로 미국만을 위한 것이다. 세계사에 유래가 없는 신통방통한 통화정책인 양적완화정책을 처음 만들고 시행한 나라가 미국이다. 미국은 양적완화정책으로 그간의 재정 적자를 줄이고 달러화 환율을 낮춰 자국기업의 경쟁력을 높이려 했다. 따라서 먼저 환율을 조작한 것은 미국임에도 우리는 예전의 관행대로 미국의 시각에서 환율전쟁, 미·중국 간의 무역전쟁을 바라보기 때문에 문제의 본질에 접근하지 못하고 있는 것이다. 필자는 두 패권국가 사이에서 우리나라가 고래싸움에 새우등 터지는 결과가 나지 않기만을 바라고 있다.

3. 초보자가 알아야 할 환율의 모든 것

당신의 통장을
춤추게 만드는
환율과 금리의 변동

금리는
얼마나 오를 것인가

2018년 10월 현재 독자들의 관심이 가장 집중되어 있는 문제는 한국은행이 기준금리를 과연 언제 올릴 것이냐의 문제가 될 것이다. 미국 연준이 기준금리를 세 차례 올리는 동안 한국은행은 2017년 11월 이후 기준금리를 동결하여 현재 미국의 기준금리와 한국은행의 기준금리는 0.75%의 금리 차이를 보이고 있다. 한국은행은 이 정도의 명목금리 차이는 미국과 우리나라의 물가지수 차이를 감안하면 실제금리는 오히려 우리가 높다고 생각하고 있는 것일 수도 있다. 그러나 시장에서는 한국은행의 금리 인상이 곧 이뤄질 것으로 믿고 있다.

한국은행의 기준금리가 과연 오를 것인가. 오른다면 그 폭은 얼마나 될 것인가.

필자는 개인적으로 한국은행이 곧 기준금리를 올릴 것이라는 데 의견을 같이 한다. 그러나 금리 인상 폭은 매우 소폭일 것이며, 0.5%

수준에서 결정될 것으로 예상한다. 그 이유는 앞서 설명했듯이 우리나라의 가계부채 문제 때문이다.

문재인 대통령의 국정지지율이 한때 80%를 넘어섰다가 50%대로 떨어지는 시점이 있었다. 남북 평화협상에도 불구하고 경제 문제가 발목을 잡은 것이다. 그중에서도 부동산 문제는 문재인 대통령의 국정지지도를 급추락시키는 가장 큰 원인이었다.

우리나라 사람들은 거의 모두 부동산에 목을 매여 산다. 우리는 집을 사는 곳이 아닌 사는 것, 즉 상품으로 인식하면서 태어나면서부터 죽는 날까지 집값을 따라서 이동하는 부동산 노마드형 인간이 된 것이다.

우리나라 사람들은 자신이 부자가 아님에도 불구하고 부자처럼 생각하고 투자하는 사람이 많다. 그들에게 부동산은 자신을 부자로 만들어주는 유일한 기회라고 생각하기 때문이다. 실제 그렇지 않은가.

이런 상황에서 부동산 투자로 부자되는 것을 넘어서 당장 대출이자가 늘어나는 판국에 과연 어느 누가 금리 인상을 반기겠나. 기업들 입장에서도 미국의 금리 인상, 유가 등의 원자재 가격 상승으로 경영환경이 악화되어 가고 있는데 한국은행마저 금리를 올린다면 정말 죽을 맛일 것이다.

한국은행도 이 눈치 저 눈치 보다 보니, 금리는 올려야 하는 것이 맞긴 맞는 것 같은데, 금리 인상이 불러올 사회적 마찰을 걱정해 과감히 못 올리고 있는 것이다. 한국은행이 독립기관이라고 말하지만 기준금리를 결정하는 금융통화 위원회 9인 멤버는 정부가 임명하는 사람들로 정부의 정책과 코드를 맞추지 않을 수 없다. 따라서 정부는 금리 인상이 국민의 저항을 불러 올 것이 뻔한데 과연 큰 폭으로 금리를 올리겠는가. 그래서 필자가 기준금리는 오르지만 그 인상 폭은 매우 소폭에 그칠 것이라고 말하는 것이다.

금리 인상과 투자전략

미국은 금융위기 이후 막대한 재정 적자와 무역수지 악화라는 이중고를 겪었다. 미국은 이 문제를 동시에 해결하기 위해 정부가 시장에서 국채를 직접 매입해 달러의 통화량을 늘리는 양적완화정책을 실행하여 왔다. 양적완화정책으로 달러화 공급이 증가하면 달러화의 가치가 하락하고 이것은 달러화 대비 경쟁국의 통화가치를 높이는 결과를 초래해 결국 미국기업의 수출 경쟁률을 높이고, 재정 적자의 감소를 가져왔다. 그러나 달도 차면 기우는 법, 이렇게 막대하게 풀려나간 달러화로 미국경제가 인플레이션이라는 복병을 만나게 되었다. 이 과정에서 달러화 발행을 늘려 경제를 살리는 양적완화정책에 대해 수정을 요구하는 목소리가 커지게 된 것이다.

이 시기를 전후로 미국 정부는 양적완화정책에 변화를 주기 시작했으며, 그 첫 단추가 시장에 풀려나간 달러를 흡수하는 양적완화축소정책 실행이었다. 양적완화축소정책은 달러화의 통화량을 줄이는 것이다. 시장의 달러 통화량이 줄게 되면 금리는 오르게 된다. 이것이 현재 진행되고 있는 미국 연준의 금리 인상이고 강 달러정책으로 나타나고 있는 것이다.

앞에서 말한 대로 한국은행이 금리를 올린다고 해도 그 폭은 매우 제한적일 것이다. 현재 국내시장은 미국의 금리, 유가, 달러가치의 상승 등 삼중고에 시달리고 있다. 이런 상황에서 수출기업, 서민과 중산층까지 반대할 것이 뻔한 금리 인상의 문제는 외환시장의 동향을 지켜보면서 최대한 방어적으로 대응할 것이다.

우리는 한국은행이 금리를 인상한다고 해도 여전히 저금리 시대는 지속되고 있다는 부분에 주목해서 투자를 해야 한다. 우리가 10%의 금리 시대를 살았던 것이 불과 10년 전의 일이다. 그때와 비교한다면 한국은행이 금리를 올린다고 해도 여전히 2.00%대에 머물 것이다. 이 정도의 금리는 여전히 저금리 시대라고 판단하는 것이 맞을 것이다. 왜 인구절벽 현상과 지방 부동산의 추락에도 불구하고 서울 집값만 미친 듯이 올랐겠는가. 사람들이 현재 가장 안정된 자산이라고 할 수 있는 서울의 고가 주택에 자신의 유동성을 이용해 재테크를 했기 때문이다. 정부의 9.13 부동산 대책으로 서울 집값이 일시적으로 조정을 받고 거래절벽 현상이 나타나고는 있지만 이것도 잠시일 뿐, 저금리 유동성장세의 흐름이 계속된다면 서울 집값은 일시적인 조정기를 끝내고 다시 상승세를 멈추지 않을 것이다. 서울 집값은 서울에 있다는 것만으로도 호재다. 서울 강남의 핵심지역의 가격이 미친 듯이 오르자 그동안 강남에 비해 소외 받았던 비 강남, 비 소형, 비 재건축, 비 고가 아파트 단지들도 풍선효과로 인해 가격 격차를 줄이고 있지 않은가. 그러나 서울과 지방 부동산은 오히려 가격 양극화만 심화되고 있다.

한국경제가 해방 이후 한 번도 경험하지 못한 1%대 금리가 지속되면서 노후자금을 준비해야하는 생계형 투자자들이, 물가상승률도 못 쫓아가는 은행의 예금을 버리고 은행 예금 이자보다 최소 5배가 높은 월세를 노리고 임대주택에 투자한 것이 다주택자가 급증하게 된 이유다. 때 맞춰 1인 독신가구가 비약적으로 급증함에 따라 시장의 수요와 공급이 맞아 떨어졌다. 이리하여 대한민국은 월세가 연금을 대신하는 지대사회로 진입하게 된 것이다. 이 부분에 대해서 가치판단은 하지 말자. 사람은 항상 자신의 이익이 되는 방향으로 움직이는 것이 속성이기 때문에 이를 정치사회학적인 관점에서 논쟁거리로 삼으면 답이 없다.

필자는 시장의 변동성이 커지고 있는 시점이 오면 벤자민 그레이엄이 투자와 관련해서 한 말을 다시 되새기곤 한다. 그는 "투자는 남들이 욕심내는 시점에는 욕심을 접고, 남들이 시장을 두려워하는 시점에는 욕심을 내라."고 말하고 있다. 그가 꽤 오래전에 한 말이고, 그 당시와 현재의 경제 환경이 크게 다르겠지만, 외환위기 당시를 상기해 보면 투자의 세계에서 인간의 탐욕으로부터 오는 위기는 반복된다는 것만은 확실하다.

금융위기가 오면 누구나 대응방식이 똑같다. 자산시장이 폭락하면서 투자자들은 심리적으로 공포의 늪에 빠져, 이성적인 사고능력을 상실하게 된다. 누구라도 이런 상황에 직면하게 되면 같은 행동을 보일 것이다.

그런데 내 주변의 지인들 중에는 이 시기에 상황을 면밀하게 분석하여 똥값 수준으로 가격이 떨어진 우량기업이 발행한 회사채, 주식, 부동산에 투자해 일생을 통틀어서 한번 있을까 말까 한 대박을 쳤다.

금융위기가 경제의 펀더멘털의 구조적 악화로 온 것이 아니라, 일시적인 유동성의 위기에서 발생한 경우, 일정 시간이 지나면 우량자산부터 전 고점을 회복해 나가고, 시간이 지나면 신 고가를 쓰는 것이 일반적인 투자 사이클이다. 그러니까 금리가 인상된다고 해서 미리 겁부터 먹고 이 흐름에서 벗어날 생각만 하지 말고 금리 인상의 내용적 측면을 면밀하게 분석해 대응하는 것이 옳은 방법이다.

위기는 위험과 기회가 공존하는 말이다. 위기가 언제든 기회가 될 수 있다는 생각으로 냉정하게 시장에 대응할 것을 권한다. 정부의 강력한 부동산규제정책에도 불구하고 핵심지역의 부동산 가격이 오히려 오르는 현상도 반복된 정부의 규제정책에 대한 학습효과 때문이 아니겠는가.

미국이 양적완화를 축소한다고 말을 하는 시점부터 금리 인상설은 꾸준하게 있어 왔다. 그러나 막상 뚜껑을 열고 보니 미국 연준의 금리 인상 폭이 의외로 낮았다.

미국의 기준금리가 우리나라와 0.75% 차이가 난다고 해도 양국의 물가상승률을 감안하면 여전히 낮은 금리다. 이 정도의 금리 인상으로 투자자들이 동요한다면 이는 금리 인상보다는 다른 요인, 이를테면 정부의 대출규제정책의 강화, 입주물량의 대폭 증가. 다주택자들에 대한 세제 강화 등의 이유가 더 많은 영향을 미쳤을 것이다.

그러나 우리는 비관론이 대세를 형성하고 있는 시점에, 가격이 상승했다는 사실을 잊지 말아야 한다. 2013년으로 기억하고 있다. 2013년도에는 서울의 마지막 대규모 택지 개발 단지인 마곡지구 분양이 시작되었다.

당시 마곡지구의 역세권 전용면적 85㎡ 아파트의 호가는 4억 5,000만 원 수준이었다. 그러나 5년이 지난 현재의 매매가는 당시 가격의 3배를 넘어섰다. 불과 5년 동안에 집값이 3배나 오른 것이다. 부동산 투자에 대한 비관론에 영향받은 많은 사람들은 살까 말까 한참을 망설였을 것이다.

그러나 투자는 비관론이 대세가 되는 시장에서 상대적으로 낮은 가격에 투자하는 사람이 돈을 버는 법이다. 따라서 남들이 주저하는 사이에 욕심내는 사람이 돈을 번다. 항상 우리가 살까 말까 머리를 굴리는 사이에 집값은 더 올라, 내 집 장만의 꿈은 멀어진다. 그리하여 좋은 기회를 다 날리고, 결국에 가서는 오른 가격으로 집을 장만하는 경우가 비일비재하다.

부동산시장에서는 정부의 강력한 대출규제정책으로 인하여 이제 갭 투자는 물 건너갔다고 생각한다. 이런 생각을 하는 것이 틀리지는 않다. 상식적으로 추론할 수 있기 때문이다. 그러나 이런 생각도 해봐야 한다. 전세금을 레버리지로 이용하는 갭 투자는 정부의 주택담보 대출규제로부터 벗어나 있는 것이 아닌가. 필자는 개인적으로 그렇게 생각한다.

금리 인상이 중요한 것이 아니라 금리의 인상 폭이 중요하다고 생각한다. 아직까지 미국을 제외하면 유로통화국, 영국, 일본은 양적완화정책을 고수하고 있다. 그렇기에 경제 강대국들이 경쟁적으로 벌인 양적완화정책으로 발생한 버블이 지속되고 있는 것이다. 국가경제의 40% 이상을 수출에 의존하는 우리나라에서 과연 세계 흐름과 역행하는 큰 폭의 금리 인상을 단행하는 것이 과연 가능하겠는가.

필자는 최근까지도 금리라고 말하면 시장금리를 말하는 것으로 생각한다. 그렇게 생각하는 이유는 금리라고 하면 외환시장, 국내 경기, 기업의 재무구조를 실시간으로 반영하는 시장금리가 피부에 와닿는 금리이기 때문이다.

일례로 내가 채권형 펀드에 간접투자했다고 가정해 보자. 현재의 채권형 펀드는 매일 채권 가격이 펀드 수익률에 반영되는 채권시가평가제도가 시행 중으로, 시장금리의 변동에 따라 내가 투자한 채권형 펀드의 수익률에 영향을 미친다. 따라서 시장금리 변동에 민감하지 않을 수가 없다.

보통 시장금리라고 하면 기업이 발행하는 회사채 3년물을 기준으로 한다. 이것과 비교해 기준금리는 시장금리의 후행지표라고 말할 수 있으며 한국은행의 금융통화위원회에서 결정하는 정책금리다. 기준금리는 은행이 한국은행에 예치한 채권을 일정 기간 후에 상환하는 조건으로 발행하는 RP(환매조건부채권) 7일물을 기준으로 하기 때문에 한국은행이 기준금리를 올리면 즉각적으로 은행의 모든 상품의 금리가 오른다.

증권시장에서 유통되는 채권은 매일 금융시장의 변화, 이를테면 환율, 통화량의 변화, 발행 주체의 재무적 변동 등을 반영해 시시각각으로 유통수익률이 변한다.

현재 시장금리의 지표금리가 되는 국고채, 회사채, CP의 금리는 발행 주체의 신용등급에 따라 수익률에 큰 차이가 있다. 금리에 민감한 투자자는 기업이 발행한 회사채에 관심이 높다.

그럼에도 회사채를 시장금리의 기준으로 하지 않고, 정부가 재정조달을 위해 발행하는 농지채권, 농어촌 발전채권, 국민주택기금채권, 외국환평형기금채권 등을 종합관리 하는 국고채 3년물을 기준으로 하는 이유는, 국고채는 성격상 발행이 반복되는 경향이 있고, 비교적 표준화가 되어 있어 전산화가 용이해 발행 비용이 상대적으로 적고, 거래물량도 가장 많기 때문이다.

따라서 앞으로는 기준금리 인상을 수동적으로 받아들이기에 앞서 시장에서 형성되는 시장금리를 능동적으로 받아들여 투자하는 지혜를 발휘해야 한다.

슬기로운 생활 재테크,
올바른 적금상품 선택법

필자는 어느 순간부터 우리의 금융 재테크시장이 금융회사, 언론, 그들의 상품을 홍보하는 사람들에 의해서 시장의 정보가 독점적으로 유통되었고, 이로 인해 기울어진 운동장이 되었다고 생각하고 있다. 그래서 필자라도 최대한 객관적으로 금융소비자의 입장에서 올바른 정보를 전해야겠다는 생각을 가지고 금융 재테크 관련 글을 쓰려고 한다.

우리는 합법적으로 가처분소득을 늘리기 위한 수단으로 재테크를 하고 있다. 그러나 잘못된 정보로 인한 기회비용의 상실로 오히려 개의 꼬리가 몸통을 잡아먹는 왝더독Wag the dog 현상이 벌어지고 있다. 다음 내용은 필자가 알고 있는 지식을 통해 올바른 적금상품의 선택법에 대해서 설명한 것이다.

금리자유화의 시대다. 같은 금융회사 같은 계정의 상품이라도 회사 사정에 따라 각각 금리가 다름으로 적금 투자 시점에 각각의 금융회사의 온라인 금융 몰의 금리를 확인하고 상품을 선택해야 한다.

적금상품의 경우, 같은 은행권 계정상품이라 해도 저축은행의 적금상품의 금리가 보통 은행보다 0.5% 높다. 저축은행은 취급상품이 은행에 비해 매우 단순하기 때문에 회사의 이익을 거의 예대마진에 의지한다. 따라서 은행보다 대출금리가 높은 저축은행의 저축상품의 금리가 높은 것은 당연한 일이다. 저축은행의 예금과 적금상품은 1인당 5,000만 원까지 예금보험공사에서 예금자 보호를 해주기 때문에 안정성에서는 문제가 없다.

저축은행의 적금형 상품은 두 가지 버전으로 나눠지는데, 그중 하나가 통상적인 정기적금상품이다. 그리고 다른 하나는 자유적립예금이다. 2018년 10월 25일 기준으로 하나은행 자회사 하나저축은행의 2년 만기 정기적금의 금리는 2.3%였으나 자유적립예금은 2.6%다. 저축은행뿐만 아니라 전체 금융회사를 통틀어서 가장 금리가 높은 적립형 상품은 저축은행의 자유적립예금이라고 할 수 있겠다. 참고로 동일 일 기준 광주은행의 적금금리는 2.20%(세전)이고, 대구은행은 1.96%였다.

자유적립예금은 약정기간 동안 금액, 횟수에 제한 없이 자유롭게 납입하고 만기에 목돈을 받는 상품으로, 소액을 저축해 만기에 목돈을 받는 상품이라는 점에서는 적금상품과 같다. 하지만 저축의 편리성과 상대적으로 금리가 높다는 점에서 적금 상품보다 비교우위에 있다고 할 수 있다.

우리는 보험사에서 판매되는 저축성 보험을 은행권의 적금상품과 동일한 것이라고 생각하고 많은 사회초년생들이 가입하고 있다. 하지만 이 상품은 엄밀하게 말해 사망 보장을 포함하고 있는 보험과 연계된 상품이다. 그리고 2018년 6월 1일 금감원자료에 따르면 이 상품은 일반적으로 적립금의 85%에서 95%만이 만기에 지급된다. 저축성 보험은 각종 수수료와 위험 보장에 대한 수수료를 차감하고 금리가 계산되기 때문에 보험사가 최초 제시하는 표면금리와 실제금리와는 큰 간극이 존재한다. 저축성 보험은 가입기간이 길어야 환급률이 높아진다고 하지만 그동안의 기회손실 비용을 따져 본다면 보험사의 저축성 보험을 은행의 적금상품으로 알고 가입한 사람은 손실이 더 커지기 전에 해약하는 것이 맞다.

은행의 적금상품 계정과 동일한 적금상품을 판매하는 곳이 소위 마을금고라고 부르는 독립채산제로 운영되는 소규모 금융회사다. 단위 농협, 단위 수협, 새마을금고, 신협이 이에 해당된다. 이들 회사의 예금과 적금은 합계액 3,000만 원까지 농특세 1.4%만 공제하면 비과세 혜택이 주어진다. 은행의 적금과 금리가 동일하다면 은행의 적금과 비교해 16.5%의 금리 인상 효과가 있다. 단지 이들 금융회사의 예금 보호는 예금보험공사가 아니라 자체 중앙회에서 하기 때문에 은행보다는 안정성이 떨어질 수가 있다.

마지막으로 여러분에게는 생소할지 모르겠지만 종합금융회사가 자체 신용으로 발행하는 발행어음이라는 상품이 있다. 이 상품은 예금보호공사의 예금자 보호 대상상품으로 안정성에는 문제가 없다. 2018년 10월 25일 한국투자증권의 발행어음 정액 적립식 발행어음 상품은 1년 만기 금리가 3.0%이다.

앞으로 금리 인상을 염두에 둔다면 확정금리상품인 적금상품은 되도록 짧게 1년 만기로 운용해서 만기 후 목돈을 받아 이를 다양한 투자상품의 기초 자산으로 활용하는 전략이 현재의 투자환경에서는 맞는 것 같다.

간접투자의 시대는 가고
직접투자의 시대가 왔다

　　　　　　　　　　반드시 금리 상승기가 아니라 해도
우리가 회사채에 투자하는 이유는 BBB-등급의 투자적격 회사채의
투자수익률이 은행 예금 세후 이자의 5배에 이르기 때문이다.

　금융 투자는 상품의 타이틀이 중요한 것이 아니다. 당신의 노후를
책임진다는 노후연금상품이 판매가 되고 있지만, 연금상품 타이틀이
붙은 상품인 개인연금, 퇴직연금, 연금보험, 연금펀드, 변액연금보험
등을 현재의 수익률로만 평가한다면 이 상품들은 노후를 책임지는 상
품이 아니라 당신의 노후를 잡아먹는 상품들이다. 금융회사들은 수
익률에는 관심이 없다. 오직 연금 가입으로 발생하는 수수료에만 눈
독을 들이고 있다.

　우리가 일상해서 행하는 소비습관을 살펴 보자. 우리는 상품의 내

용을 따지기 전에 먼저 눈길이 가는 것은 일정 규모 이상의 경제 규모를 가진 마케팅을 잘하는 회사다. 대형마트를 가도 엄청난 규모의 대기업 상품이 진열대 전면 가득히 차지하고 있어야 우리는 믿고 살 수 있다는 생각을 한다. 브랜드 인지도가 있는 상품이 낫겠다는 생각을 하면서 말이다. 순진하다. 이런 소비자의 순진함을 그들은 이용한다. 정부도 한편이다.

새로 출시되는 금융상품들은 금융회사의 이익이 되는 프레임에서 설계되고 정부의 지원으로 판매가 촉진된다.

우리가 소비하는 금융상품이 모두 그렇다. 제품의 질을 비교하기도 전에 규모의 우위를 점하고 있는 은행창구에서 파는 금융상품이 무조건 안전하다고 생각을 한다. 과연 그럴까.

우리는 금융자본과 악어와 악어새의 관계를 맺고 있는 언론사의 간접투자를 부추기는 기사를 보고 아무 생각 없이 그들의 논리에 따른다. 그래서 금융상품 투자에 있어서도 스톡홀름 증후군 현상이 나타나는 것이다.

하지만 은행에서 파는 모든 수신상품 중에서 시장금리보다 세금 공제 후 이자를 더 받는 상품이 있는가. ISA, 개인연금저축, 퇴직연금, 정기예금 등을 생각해 보자. 반면 당신이 직접 투자하는 경우에는 적어도 은행 예금이자의 2배 이상은 얼마든지 받을 수 있다.

그래서 금융상품 쇼핑의 동선을 바꾸고 직접투자 상품으로 투자 상품을 교체하라고 말하는 것이다.

다음 표는 2017년 12월 6일의 주요 금리 지표이다. 이 시점의 정책금리라고 할 수 있는 한국은행의 기준금리는 1.50%였다.

| 2017년 12월 6일 주요 금리 지표 |

금융 상품	금리
국고채 3년물	2.10%
회사채 AA– 3년물	2.65%
회사채 BBB– 3년물	8.91%
CD 71일물	1.66%
CP 91일물	1.79%

우선 표에 나온 금융상품에 대해 설명하겠다. 국고채 3년물은 증권시장에서 시장금리를 대표하는 금리로, 국가가 발행하는 국채를 통합 관리해 부르는 채권을 말한다.

국고채는 국가가 발행의 주체가 된다는 점에서 한국경제가 망하지 않는 한 돈을 떼일 염려가 없다. 채권의 발행금리는 발행기업의 채무이행도(리스크)와 반비례하기 때문에 투자안정성이 높은 국고채와 우량등급의 회사채는 발행금리가 상대적으로 낮다. 이런 측면에서 기업이 발행하는 회사채 중에서 투자적격채권으로 분류되기는 하지만 투자 위험이 높은 BBB–등급의 회사채 3년물은 발행금리가 높은 것이다.

기업이 발행하는 회사채는 발행기업의 신용등급에 따라 18등급으로 분류하고, 단계별로 금리가 차등화된다. 따라서 같은 회사채라고 해도 발행기업의 신용등급에 따라 그 유통수익률은 천지차이가 난다.

4. 당신의 통장을 춤추게 만드는 환율과 금리의 변동

국고채, 회사채 AA-등급 3년물과 BBB-등급 3년물의 회사채와는 매우 큰 금리 차이가 난다. 소액투자자들도 증권시장이나 증권사의 금융 몰을 통하면 증권사가 장외시장에서 매입한 채권을 소액으로 얼마든지 고수익 채권에 투자할 수가 있다.

그러나 수익률이 높다는 것은 투자 위험도 비례해 높다는 것을 의미함으로 신용등급이 낮은 회사채에 투자하는 것은 신중해야 한다.

과거에 미국에서는 마이클 밀켄이라는 사람이 드렉셀 증권사를 통하여 유통시킨 투기등급의 회사채가 부도가 나면서 사회 문제화된 적이 있다. 우리나라에서도 동양종금증권, LIG그룹이 유통시킨 CP가 발행기업의 부도로 원금을 떼여 사회 문제화되는 일이 있었다. 이렇게 고금리로 유통되는 투기등급의 회사채를 가리켜, 정크Junk라고 한다. 정크라는 말을 굳이 의역하자면 쓰레기라는 뜻을 갖고 있다.

회사채는 신용등급에 따라 18등급으로 분류된다.

보통 증권시장에서 유통되는 회사채는 적격 회사채로 BBB-등급 이상을 말한다. BB+ 이하는 투기등급으로 분류하며 등급이 낮을수록 리스크에 대한 가산금리가 붙어 회사채등급과 수익률은 반비례한다.

회사채는 3년물로 발행되는 이표채다. 앞서 나온 표에서 보듯이 회사채는 등급에 따라서 발행금리의 간극이 심하다. 기준금리가 1.5%라고 해도 BBB-등급의 회사채에 투자하는 경우 은행 정기예금과 비교해 3~4배 이상의 수익률이 가능하다.

다음 CD는 양도성 예금증서라고 해서 은행이 발행하는 단기금융

채권이라고 볼 수 있다. 발행금리는 은행의 정기예금 수준이다.

CP는 기업이 단기성 자금을 조달하기 위해 발행하는 융통어음(상거래를 통해 받은 어음이 아니라는 뜻에서)이다. CP의 특징은 회사채와 마찬가지로 발행기업의 신용등급에 의해 발행금리가 천지 차이라는 점이다.

예전에 CP를 단기 금융상품의 황제라 불렀던 이유는 만기 180일 이내의 금융상품 중에서는 다른 상품을 압도하는 높은 금리로, 일시적인 여유자금을 예치하기에는 최고의 상품이었기 때문이다. 이 상품은 종합금융회사(전 투자금융사)에서 주로 취급하던 상품이다. 앞서 소개된 상품 중에서 CD를 제외하고는 모두 예금자 보호 상품에 해당되지 않는다.

우리가 금리상승기에 회사채에 투자하는 이유는 금리가 오르면 즉각 시장실세금리상품인 회사채의 유통수익률이 따라서 오르기 때문이다.

금융위기가 있던 2008년에 금리 급등을 틈타서 채권에 투자한 사람들이 결과적으로 부동산, 주식에 투자한 사람보다 압도적인 수익률을 기록했다. 외환위기 당시에도 금리 폭등으로 채권에 투자한 사람들은 금리에 채권의 매매수익까지 더해져 엄청난 수익률을 올렸다.

금융위기가 오면 환율(원화가치의 하락)과 금리는 폭등한다. 이렇게 되면 우량자산마저 거의 똥값 수준으로 떨어진다. 따라서 이 시기에 채권에 투자한 사람들은 높은 수익률을 올리게 되는 것이다.

예금상품 투자로 금리 1% 이상
더 받는 법

1. 예금은 목돈을 일정 기간 동안 투자한 후 만기에 이자와 원금을 동시에 수령하거나, 일정 기간 목돈을 예치한 뒤 매월 이자를 받는 상품이다. 이러한 예금의 정체성에 부합하는 상품이 은행권의 정기예금이다. 은행권의 정기예금은 은행, 저축은행, 단위 농협, 수협, 새마을금고, 신협에서 판매한다. 은행과 저축은행의 정기예금은 예금보험공사의 예금자 보호 대상상품임으로 두 곳 다 안정성에서는 문제가 없다. 따라서 0.1%라도 금리를 더 주는 곳에 가서 투자하는 것이 정석이다.

다음은 은행과 저축은행의 1년 만기 정기예금의 세전금리(2018년 10월 기준)다.

전북은행	2.25%
산업은행	2.20%
농협은행	2.11%
동원 저축은행(경남)	2.83%
예가람 저축은행(서울)	2.78%
JT친애 저축은행(서울)	2.73%

　그 밖에 단위 농협, 수협, 새마을금고, 신협은 독립채산제로 운용되는 곳이 전국에 거의 1,000여 개가 넘고, 각각 지급금리도 다르니 지역 내에서 영업하는 회사들의 지급금리를 알아보고 투자하면 된다. 이들 금융회사들이 지역 내 은행, 저축은행과 비교해 나름의 경쟁력이 있는 이유는 이들 회사의 예금과 적금은 합계 3,000만 원까지 농특세 1.4%만 공제하면 비과세 혜택이 주어지기 때문이다. 은행과 동일한 금리라고 했을 때 16.5%의 금리 인상 효과가 있다. 참고로 이 부분은 2018년 말 세제개편이 있을 예정이라고 하니 투자 시에 꼭 확인하고 가입해야 손해를 보지 않을 것이다. 이들 회사의 예금자 보호는 예금보호공사가 아닌 자체 중앙회에서 보호한다. 안정성을 따진다면 은행과 저축은행에서 예금하는 것보다는 떨어진다고 볼 수도 있겠다.

2. 예금의 범위를 넓혀 예금상품의 기준을 확정금리를 지급하는 목돈 굴리기 상품이라고 정하면 예금자 보호가 되는 상품 중에서는 표지어음, 발행어음, 발행어음-CMA를 포함시킬 수 있다. 이들 상품은 1년 이내의 단기상품으로 가입 전 투자기간의 금리를 정기예금

4. 당신의 통장을 춤추게 만드는 환율과 금리의 변동

금리와 비교하여 0.1%라도 금리가 높은 곳을 선택하면 된다.

3. 확정금리상품이긴 하나 예금보험공사의 예금자 보호 대상이 아닌 목돈 운용상품에는 채권형 상품인 RP(환매조건부 채권), MMF(MMF는 자산운용의 위험도에 따라 두 가지 버전이 있다), RP형 CMA가 있다. 이 상품들 역시 가입시점에 금리를 비교한 다음 가장 높은 금리를 제시하는 회사에 가서 투자하면 된다.

4. 마지막으로 소개하는 것은 발행기업의 신용도에 따라 발행금리, 유통수익률이 달라지는 CP(자유금리 기업어음)와 회사채(회사채는 기업이 발행하며 통상 3년 만기 이표채로 발행되고, 3개월마다 이자가 지급된다)가 있다. CP와 회사채는 발행기업의 신용등급에 따라 현재 3%에서 10% 이상까지 유통금리가 차등화되고 있다. 즉 너무 높은 금리만을 쫓아 투기등급의 CP, 회사채에 투자하다가는 발행기업의 파산으로 원금을 날릴 수도 있다는 말이다. 따라서 CP, 회사채 투자는 투자적격등급에 투자해야 한다. 현시점의 회사채금리는 본서의 '금리상승기에는 회사채에 투자하라'를 참고하기 바란다.

5. 사실 지금 같은 저금리 시대에는 목돈을 투자해서 안정적인 수익을 얻는 오피스텔 투자가 예금에 비해서 비교우위에 있다고 보여진다. 소형 저가 오피스텔은 가격이 낮을수록, 변두리 외곽으로 나갈수록 이와 비례해 수익이 높아지는 구조다. 지역별 오피스텔 투

자수익률에서도 강남, 광화문 등지의 럭셔리 오피스텔 단지와 비교해 안산시 고잔지구, 시흥시 정왕동, 수원시 인계동의 저가 오피스텔 단지들의 평균 수익률이 훨씬 높다. 투자를 결정하는 것은 본인의 책임 하에 하는 것이지만 예금과 투자 목적이 같다면 이 저금리에 은행 예금만 고집하는 고정관념을 버리기 바란다.

생각 있는 재테크,
높아지는 행복지수

　　　　　　　　　　정상적인 투자라기에는 그 리스크
가 개인이 통제하지 못하는 수준의 위험을 가진 해외주식과 연계한
파생상품에서부터 투자상품에 대한 시장의 평가는 양극단의 시각이
존재하나 어쨌든 투자자가 몰리고 있는 가상화폐 투자에 이르기까지,
정상적인 시장이라면 발생하지 않아야 될 찰나의 대박을 꿈꾸고 투자
시장에 진입하는 인구가 크게 늘었다.

　정상적인 노동행위를 통해서는 성공할 수 없다는 현실과 이상 사
이의 간극의 확대, OECD 국가 중에서 노인 복지 빈국의 나라에 살
면서 노후 준비를 홀로 해야 하는 처지에서 금리마저 1%대의 저금리
시대가 계속되면서 안전자산을 선호하는 노년층까지 위험자산에 공
격적으로 투자하고 있다.

　위험자산에 투자하는 사람 중에는 다양한 욕구를 가진 계층이 존

재하겠지만, 한국경제가 외면적으로 성장을 해도 성장의 과실이 일부 계층에 독점되어 부의 양극화 현상이 극도로 악화되면서 정상적으로 일해서 번 돈으로는 부자가 될 수 없다는 패배감이 팽배해지고 있다. 그 결과 사행성 게임, 도박에 빠지는 사람이 크게 늘었다. 로또 판매량도 최고 수준이라고 한다.

확실하게 답할 수는 없어도 한국경제가 잘못된 방향으로 가는 것만은 확실하다.

이런 와중에 그나마 정상적인 환율과 금리의 변동을 이용해 재테크를 하는 사람은 국가 경제적으로도 매우 유익한 자원이라고 생각한다.

탐욕적인 인간은 자신이 딛고 서 있는 물적 토대 위에서 자신의 이익이 되는 방향으로 생각하고 행동한다지만, 한 번쯤은 우리 공동체의 건강한 삶이라는 가치 안에서 사유하고 행동할 필요가 있다. 이렇게 보면 상대의 희생을 전제로 해서 자신의 이익을 도모하는 고가의 다주택보유자들도 정부의 정책 이전에 자신의 행동을 자제할 필요가 있다. 자연수명이 아무리 길어졌다고 해도 인간은 봄, 여름, 가을 그리고 겨울을 100번 정도 반복하면 자신이 왔던 세상의 먼지로 다시 살아지는 존재에 불과하다. 탐욕은 필요하지만 최소한의 인간의 품위를 지키면서 해야 의미가 있지 않겠는가. 우리는 지구촌이라는 이미 지어진 세트장에 잠시 머물다가는 존재다. 우리는 후대에 이 공간을 사용할 또 다른 지구인을 위해 물려줄 의무가 있다.

우리는 세상에 가치 있는 것들이 많다는 것을 알고 있다. 그러나 돈이 모든 가치에 우선하다 보니 한 번 주어진 인생에서 아름다운 지구별 구경도 제대로 못해 보고 죽음을 맞이한다. 돈, 성공이 물론 중요하지만 이것이 인생의 전부는 될 수 없다.

돈도 중요하지만 어떻게 사는 것이 나와 우리 공동체가 행복할 수 있는 것인지 한 번쯤은 진지하게 자신에게 물어 보는 시간을 가져 보자. 우리는 노동소득 이외에 가처분소득을 늘리기 위해 재테크를 한다. 우리가 재테크를 하는 이유가 무엇인가. 행복해지기 위해서다. 그러나 현실의 세계에서는 재테크가 오히려 행복을 잡아먹고 있다는 생각이 드는 것은 무슨 이유에서 일까.

환율 하락 시기에 투자하는
달러예금

2017년 말 달러예금 잔고가 사상 최고치를 기록했었다. 우리나라는 세계적으로 세계화가 가장 빠르게 진행되는 나라 중 하나다. 공부도 여행에 있어서도 그렇고, 투자를 하는 데 있어서도 이제 우리나라는 세계화를 빼놓고는 말을 할 수 없는 나라가 되었다.

우리 가족 중에는 해외여행 중이거나 해외여행을 계획하는 사람, 해외자산에 투자하는 사람 이 크게 늘고 있고, 국내여행이 비용 대비 가성비가 나빠 해외여행을 생각하고 있는 사람들에 이르기까지 환율의 변동을 두 눈 크게 뜨고 지켜보고 있는 사람이 많아졌다. 해외여행, 해외유학, 해외자산에 투자하는 사람들이 환율 변동에 웃고 우는 현상이 발생하기 때문이다.

환율 하락은 정부의 인위적인 개입요소만 없다면 우리경제가 좋아지는 것으로 문제될 것이 없다. 환율이 하락하는 것은 상대국의 통화가치 대비 원화의 가치가 상승하는 것으로서 이를 원화의 강세라고 한다.

그렇다면 우리가 원화 강세 국면에서 어떻게 처신해야 경제적으로 도움이 될 것인지를 생각해 보자. 일단 원화 강세 국면에서는 원화가 더 떨어지면 해외유학 경비를 송금하는 것부터 이익이 늘어난다. 따라서 학비 송금을 가능한 늦추고, 보유하고 있는 달러를 원화로 환전해 갖고 있어야 한다. 그리고 해외에서는 환율 하락으로 결제 시기가 빠른 현금 대신 신용카드를 쓰는 것이 유리하다.

환율 하락, 즉 원화 강세를 이용해 해외자산에 투자하는 경우에도 항상 환율의 변동으로부터 오는 환 리스크를 헤징하는 전략을 세워야 한다. 달러화자산 투자 중에서 우리가 일상에서 가장 쉽게 접근해 볼 수 있는 것이 달러예금이다.

2017년 11월 이후 원/달러 환율이 연중 최저점을 기록하면서 시중 은행의 달러예금 잔액이 일주일 만에 12% 증가했다. KB국민은행과 신한은행 등 주요 은행 5곳의 달러예금 잔액은 2017년 11월 16일 기준 총 424억 달러, 원화로는 47조 원 증가했다. 이는 2017년 10월 16일 기준 잔액 377억 달러보다 12.4% 늘어난 것이다. 달러예금은 원화를 달러로 환전해 적립했다가 출금하거나 만기가 되어 원화로 돌려받는 상품이다.

달러예금은 환율 하락기에 환차익을 노리고 투자하는 상품이다. 그러나 개인이 달러예금에 투자해서 큰 이익을 얻을 수가 있는가에 대해서는 회의적이다. 그래도 달러화에 투자하기로 마음먹은 사람들은 다음 내용을 주의 깊게 읽어 보고 투자하기 바란다.

달러예금의 금리는 거의 '0%'에 가깝다. 환율이 큰 폭으로 떨어지지 않는 한 투자이익은 생각보다 적다. 달러화를 사는 경우 개인들은 현재 매매가 기준율보다 높은 가격에 사고, 팔 때도 현재 매매가 기준율보다 낮게 파는 것이 일반적이다. 개인이 그 차액을 커버하기 어려운 구조다.

가장 기본적인 달러자산 투자는 외화예금 가입이다. 외화예금 가입에는 가입자 조건에 대한 제한이 없다. 현재 보유 중인 달러를 예치해도 되고 원화를 달러화로 환전하여 예치할 수도 있다.

외화예금은 원화예금과 마찬가지로 보통예금과 정기예금을 선택해 가입할 수 있다. 미국의 금리 인상으로 예금금리가 변동하기 때문에 되도록 만기를 짧게 설정하는 것이 유리하다. 외화예금으로 발생한 환차익은 이자 소득세에 대한 세금이 부과되지 않음으로 절세수단으로 이용할 경우 유리하다.

외화예금은 예금보호공사가 원리금 합계 5,000만 원까지 예금자 보호를 해준다. 외화예금의 금리는 1% 내외로 매우 낮음에도 달러예금이 증가하는 이유는 앞으로 환율이 상승할 경우 발생하는 환차익이 금리를 잡아먹고도 남는 수준의 수익률을 담보하기 때문일 것이다.

외화예금은 비교적 최근인 2018년 상반기에는 표 '5대 은행 달러예금 증가액 추이'보다 더 늘었다.

| 5대 은행 달러예금 증가액 추이 |

(단위: 억 원)

2015년 1월	2015년 6월	2015년 11월	2016년 1월	2017년 2월
249.8	249.3	310	320	424

　　달러예금이라고 해서 우리가 은행에 가서 하는 정기예금과 같은 것으로 생각해서는 안 된다. 달러예금은 환율 변동에 따라 언제든 환차손이 금리 이상의 손실을 끼쳐 원금의 손실이 발생할 가능성이 크다. 달러예금을 포함해 일체의 해외자산상품 투자는 환율의 예측이 우선 되어야 한다는 점을 잊지 말기 바란다.

엔화의 약세, 엔 테크를 하라

원/달러 환율보다 극단적으로 환율이 요동치는 통화는 엔화다. 2017년 초 원/엔 환율은 940원대였다. 이는 2009년의 원/엔 환율 1,616원과 비교하면 거의 절반 수준이다. 앞으로 원/엔 환율이 900원대까지 떨어진다면 엔화도 환 테크 상품으로서 가치가 높아질 것이다. 참고로 엔화의 가치가 최저점을 기록했던 2007년의 원/엔 환율은 744원이었다.

엔화가 원화 대비 약세를 지속하는 이유는 일본의 양적완화정책, 극단적인 금리 인하정책을 기반으로 하는 아베노미스정책을 실행하는 과정에서 엔화의 가치를 낮추고 기준금리를 마이너스 상태까지 떨어뜨리는 통화정책 때문이다.

일본 정부의 이러한 양적완화정책은 일시적으로는 성공하는 것으로 보여 진다. 실제로 일본경제는 일본의 잃어버린 20년 경제후퇴기

4. 당신의 통장을 춤추게 만드는 환율과 금리의 변동

에서 벗어나 서서히 기지개를 펴고 있다. 수출경기는 호황을 구가하고 이에 따라 청년들의 실업율도 거의 완전고용 상태다.

일본 청년층의 실업률 감소 현상은 일본이 처한 특수한 상황, 즉 일찍부터 고령화 사회에 진입해 취업연령에 해당되는 청년층 인구의 절대적 감소로 인한 것이다. 이로 인해 완전고용의 상태에 이른 것이지 일본의 양적완화정책이 청년층의 실업 문제까지 해결한 것은 아니다. 우리나라도 2018년에 인구절벽 사회로 진입했다. 인구절벽 문제가 해결되지 않는 다면 우리나라도 일본처럼 청년취업인구가 절대적으로 감소할 것이고, 가까운 미래에 청년취업의 완전고용 시대가 올 수 있다.

양질의 일자리를 늘려 청년실업 문제를 해결하는 대신 청년인구의 절대적 감소 현상으로 청년실업이 준다는 것은 국가의 성장동력이 약화되는 것으로, 바람직한 현상은 아니다. 국내의 일자리 부족으로 일본에서 취업하는 청년들이 늘어났다고 해서 일본경제가 완전히 되살아난 것으로 보는 것은 단순한 생각이다.

최근 일본의 경제가 좋은 이유에는 일본 정부의 양적완화정책의 힘이 크게 작용했다는 점은 인정해야 한다. 이것으로 인해 원/엔 환율이 하락하는 것이다.

원화의 가치가 기축통화인 달러화와 준 기축통화로 평가되는 국가의 통화가치와 비교해도 강세를 이어가고 있다. 2018년 초에는 원/엔 환율이 940원대 이하로 떨어질 가능성이 크다고 보았다. 물론 현재는 아니다. 미국의 금리 인상, 미·중 간의 무역전쟁이라는 돌발변수가 환율의 흐름을 역전시켰기 때문이다.

미국은 2017년 10월 발표한 환율보고서에서 한국과 일본 두 나라 모두를 '환율 관찰 대상국'으로 지정했다. 환율조작국이라는 치명적인 조치를 피해간 것은 원화, 엔화 모두 미국의 달러화 대비 강세를 이어가고 있기 때문일 것이다. 만약 우리가 과거처럼 고환율정책을 밀고 나갔다면 미국과의 무역 분쟁이 심해졌을 것이다.

환 테크는 단순히 은행에 가서 환율우대를 받고 외환을 구입하면 되는 것으로 끝나는 것이 아니다. 우리가 환 테크를 하는 이유는 더 많은 이익을 노리고 하는 것이다. 따라서 외화를 직접 환전해서 구입해 보관하는 것보다 외화통장을 개설해두고 외화에 투자하는 것이 유리하다.

본인이 직접 외화를 구입하는 경우에 현금 매도율이 적용되고 원화를 외화로 환전하여 송금을 하는 경우에는 전신환 매도율을 적용한다. 이 둘의 차이를 구분해서 외화에 투자하는 이유는 수수료 차이가 발생하기 때문이다. 즉 현금 매도율이 전신환 매도율보다 수수료가 높다. 외화통장은 전신환 매도율을 적용받기 때문에 원화로 직접 외화를 구입하는 것보다 외화통장으로 거래하는 것이 유리하다.

2007년 원/엔 환율은 744원에서 엔화의 최고점인 2009년도에 가서는 1,616원까지 치솟았다. 시간적 간극은 2년에 불과하지만 원/엔 환율은 2배 이상이 차이가 벌어졌다. 이 시기에 원화를 엔화로 환전해 투자했다면 앉아서 투자원금 2배의 환차익을 얻었을 것이다.

환율의 마법이 통하는
해외직구

단순하게 생각해서 2017년 초 1달러의 상품을 원화로 구입했다면 당시의 환율 1,200원이 적용되어 1,200원에 구매하였을 것이다. 그러나 같은 상품을 2018년 초에 구입했다면 환율의 변동으로 1,050원에 구입할 수 있었다. 같은 물건을 사면서 어떻게 10% 이상 낮은 가격으로 구매할 수 있었을까? 환율의 마법이 통했기 때문이다.

원화 강세 현상은 비단 달러화에 대해서만 가치가 상승한 것이 아니다. 엔화, 스위스 프랑, 캐나다 달러, 호주 달러, 파운드 등 준 기축통화로 분류되는 통화에 대해서도 원화는 강세 국면을 이어간다.

환율이 하락하게 되면 모든 국가로부터 직접 상품을 매입하는 경우 해외 평균 판매가보다도 저렴한 가격으로 물건을 살 수가 있게 된다.

2018년 1월 해외배송 대행 서비스 업체인 몰테일이 발표한 자료에 의하면 2017년 4분기 배송 대행 서비스 신청건수는 2017년 3분기에 비해 51.5% 증가했고, 2016년의 4분기와 비교해서도 20% 정도 늘었다고 한다.

해외 직구가 크게 늘어난 것은 원화의 강세가 환율의 하락으로 이어지면서 국내 판매가보다 낮은 가격으로 물건을 살 수 있는 여건이 조성되었기 때문이다.

2017년 초 원/달러 환율은 1,200원대에서 2018년 초에는 1,060원대까지 떨어졌다. 특히 2017년 4분기에만 6.8%나 하락했다. 원/엔 환율도 2017년 9월 이후 하향세가 뚜렷해졌다. 이로 인해 일본 직구 시장도 확대되고 있다. 해외 직구를 통하면 200달러 이하의 상품은 관세를 부과하지 않음으로 2~3만원의 배송료만 부담하면 되기 때문에 경제적 이익이 크다.

　　　　　　　　　4. 당신의 통장을 춤추게 만드는 환율과 금리의 변동

해외 투자,
환율 예측이 성공을 보장한다

2017년을 돌아보면 해외주식·해외펀드의 시대라고 할 정도로 해외자산에 투자하는 사람이 크게 늘었다. 10년 전인 2007년에도 해외자산 투자 열풍이 일었었다. 그때와 2017년이 다른 점은 원/달러 환율의 방향이 그때와는 다른 역의 방향으로 움직이고 있다는 점이다.

해외펀드나 해외주식에 투자하는 경우에도 원화 강세 국면이 계속된다면 환차손이 발생해서 해외펀드에 투자해 발생한 수익률을 환율의 하락으로 인해 발생한 환차손이 잡아먹는 결과로 이어질 수가 있다.

해외펀드 투자는 국내펀드에 투자하는 것같이 일상화되어 있다. 다른 점은 일반 투자자는 해외펀드에 원화로 투자하지만 자산운용사들은 원화를 달러화로 환전한 다음 투자한다는 것이다.

미국과 거의 대등한 경제대국으로 올라선 중국증시에 투자하는 것을 가정해 보면, 자산운용사들은 일차적으로 달러로 환전을 한 후에 위안화로 바꿔서 중국증시에 투자한다. 이 과정에서 원/달러 환율과 위안/달러 환율이라는 두 가지 환율에 의한 변수가 발생하게 된다.

따라서 펀드, 주식 등 해외자산 투자는 투자한 자산의 가격 변동에 원화의 변동가치, 달러화 대비 투자대상국의 통화가치 등, 수익률 계산을 하는 데 있어 더 복잡한 함수를 풀어야 한다. 그렇기에 중국증시가 올랐다고 마냥 좋아할 일이 아니라는 것이다.

결론적으로 해외주식에 투자하여 손실이 발생했다고 해서 비관할 필요도 없다. 환율이 상승하면 원화로 환전한 다음의 수익률에서 환차익이 손실액보다 더 클 수 있는 상황이 언제나 존재하기 때문이다.

우리가 관심을 안 가져서 그렇지 환율을 이용한 재테크 방법은 다양하다. 그러나 우리가 국내의 실물자산에 투자하는 것 이상으로 투자 리스크가 높고, 과연 이러한 리스크를 안고서 투자할 가치가 있는가에 대해서는 확신할 수는 없다.

일반적으로 달러 표시 예금은 미국의 금리 수준과 거의 비슷한 흐름을 보이고 있다. 엔화 표시 예금도 마찬가지다. 외화 표시 예금은 금리를 노리고 투자하는 것이 아니다. 이보다는 환율의 변동으로 발생하는 환차익을 얻기 위해 투자하는 것이다. 그래서 외화 표시 예금 투자는 환율의 예측이 가능해야 투자 이익을 얻는 투자수단이라고 말할 수가 있다.

2017년 하반기에 원화의 절상속도가 가파르게 진행되면서 외화예금의 관심이 크게 증가했었다. 원화의 환율 변동이 크던 시점에는 이런 흐름이 일상화되었다.

외화예금은 주식 투자와 달리 금리가 보장되고 원리금도 보장된다는 점에서 투자 안정성에서는 문제가 없다. 앞서 얘기한 것처럼 외화자산의 투자는 단순히 투자이익을 노리고 투자하는 상품이 아니다.

2008년 초 원/달러 환율이 900원이었다. 그 후 6개월 동안 환율은 가파르게 올라 1,600원까지 올랐다. 만약 환율 예측을 잘못해 그 반대의 상황에서 투자했다면 환차손으로 발생한 손실이 투자원금까지 잡아먹는 일이 발생할 수 있다.

따라서 외화자산 투자는 환율 예측을 잘못하면 언제든지 환차손이 발생할 수 있다. 환율이 하락할 때는 환율 하락 폭만큼의 환차손을 입는다. 환차손이 예금이자보다 더 클 경우에는 투자원금까지 잃을 수가 있다. 외환위기 당시 환율이 고점을 찍고 있는 시점에 외화예금에 투자했다면 여지없이 원금의 손실은 불가피하며 환율의 하락 정도에 따라 극단적으로 원금의 전부를 잃을 수도 있다.

그러나 적절한 시점에 가서 투자를 잘하면 이자 수익에다가 환차익까지 얻을 수가 있다. 외화자산 투자는 원/달러 환율 상승 초기에 가입해야 한다. 그러나 그 시기를 예측할 수 있는 사람은 지구촌 어디에도 없다. 이는 환율 변동을 이용해 투자하는 것이 결코 쉬운 일이 아니라는 점을 일깨워 준다고 할 수 있다.

국내 ETF 투자

우리가 펀드에 투자하는 방법에는 자산운용사가 설계한 펀드들을 위탁금융회사를 통해 투자하는 방법과 국내 주식시장에서 일반 상장 회사의 주식을 사는 것과 같이 상장되어 있는 펀드에 투자하는 방법이 있다.

후자의 예처럼 증권시장에 상장되어 있는 펀드를 ETF라고 한다. ETF는 Exchange Traded Fund의 약어로, 코스피 200, 코스피 150과 같은 특정지수의 수익률을 얻을 수 있도록 설계된 지수연동형 펀드다. 인덱스펀드와 뮤추얼펀드의 장점을 결합해 놓은 상품이다.

2002년에 처음으로 도입된 ETF와 인덱스펀드와의 차이점은 ETF는 일반 펀드처럼 위탁금융회사를 통해 투자하는 것이 아니라 일반주식을 사고파는 것과 똑같이 주식시장에 상장되어 있는 것을 사고판다는 점이다. 즉 상장지수펀드는 특정지수와 연계해 포트폴리오를 구성한 다음 주식시장에 상장해 일반주식처럼 자유롭게 거래할 수 있게 설계된 상품이라고 할 수 있다.

해외 ETF 투자

개인투자자가 해외주식에 직접 투자하는 것은 어렵다. 특히 종목을 선택하는 과정이 그렇다. 국내 종목도 모르는 종목이 허다한데 해외 종목까지 투자한다는 것은 문제가 있다. 물론 모든 정보가 공유되는 인터넷 시대에 노력과 수고를 더하면 개인도 얼마든지 해외주식에 직접 투자하는 것은 문제가 없다. 그러나 일상생활을 접고 전업으로 투자한다면 모를까, 생업을 내 팽개치면서까지 해외주식에 직접 투자한다는 것이 쉬운 일은 아닐 것이다. 따라서 해외주식 투자에 관심이 있는 사람들이 직접 투자의 대안으로 선택하는 것이 해외 ETF에 투자하는 것이다.

해외 ETF는 국내 ETF에 투자하는 것과 마찬가지로 MTS로 손쉽게 거래할 수 있게 설계되어있다. 상장지수펀드ETF는 특정지수에 연동되어 움직이는 펀드로, 주식처럼 쉽게 사고팔 수 있다. ETF는 일반 주식처럼 장중에 내가 원하는 가격으로 매매할 수 있다. 따라서 소액을 가지고도 투자가 가능하다.

국내 ETF는 331개에 불과하나 미국 상장 ETF는 1,959개에 달한다. 해외펀드는 다양한 형태의 펀드를 선택할 수 있다. 만약 시장이 하락한다는 쪽에 포지션을 두면 인버스 ETF, 농산물 가격이 상승할 것으로 예상되면 농산물 ETF에 투자할 수 있다.

해외 ETF 거래와 세금

해외 ETF 매매로 얻은 차익에 대해서는 양도소득세를 내야 한다. 즉 해외 상장 ETF는 해외주식을 거래하는 것과 마찬가지로 매매차익에 대한 양도세를 신고 및 납부할 의무가 부과된다.

해외 상장 ETF는 투자대상국의 통화로 환전되어 거래됨으로 환위험에 노출되기 때문에 환차익 또는 환차손이 발생할 수 있다. 양도소득세는 250만 원까지 세금이 공제된다.

국내펀드 VS 해외펀드

국내펀드는 환매 신청 후 판매대금을 지급받을 때까지 3~4일, 해외펀드는 7~10일 정도가 소요된다. 따라서 해외펀드는 투자대상국가 및 투자대상에 따라 매입 및 환매기간에 차이가 발생하므로 반드시 투자설명서를 사전에 꼼꼼히 읽고 투자해야 한다.

국내에서 판매되고 있는 해외펀드는 펀드 가입 시에 투자금액에서 일정금액의 선취 판매수수료를 낸다. 평균적으로 투자원금의 1.5%에서 2.0%의 높은 선취수수료를 부과한다. 이는 국내펀드의 선취 판매수수료 평균 1%보다 높은 수준이다.

환율 변동과 주식 투자

환율 변동과 주가의 관계는 기사를 통해서도 너무 많이 보아온 주제이다. 왜 환율이 변동하면 주가는 춤을 출까. 일반적으로 원/달러 환율이 상승하면 주가는 오른다. 우리나라는 GDP에서 수출이 40% 이상을 차지하는 수출주도형 경제다. 환율 상승은 수출경쟁력을 올릴 수 있는 절호의 기회이지만 환율 상승 국면에 주가가 하락하는 일이 발생한다. 이런 현상이 발생하는 이유는 도대체 무엇인가. 주식 투자는 대체적으로 심리적인 요인이 주가에 많은 영향을 미치기 때문이다. 주식시장에서 거래되는 주가는 합리적이지 못한 투자자들에 의해 결정된다.

환율이 상승하면 수출기업에게 유리하다. 그래서 환율이 상승하는 시기에 경제신문의 기사에는 환율 인상의 수혜종목이 신문사의 지면에 단골 메뉴로 등장한다.

그런데 통계조사를 보면 그 반대 현상이 나타나고 있다. 즉 환율 상승 국면에서는 주가가 큰 폭으로 하락하고, 수출기업의 주가도 역시 하락하는 것이 일반적인 현상이라는 것이다.

외환위기, 금융위기 때는 국가, 기업, 가계에 이르기까지 모든 경제 주체들의 투자위험지수는 높아진다. 이는 원화의 가치 하락으로 이어지고, 원화의 가치 하락은 환율의 급등 현상으로 이어진다. 반대로 환율 하락 국면에서는 주가가 대체적으로 상승하는 흐름을 보이고 있다.

그렇다고 환율하락기에는 주가가 상승한다는 것을 공식화한다는 것은 시장의 흐름이 지수함수적으로 변하는 세상에서는 맞지 않다. 다만 참고 자료 정도로 활용하는 것은 무방하다고 하겠다.

경기하락기에 환율이 고점을 찍는다면 기업의 수출경쟁력과 영업이익을 개선시키는 측면이 강하다. 기업의 영업이익이 개선되면 경영수지가 호전되는 것으로 주가는 상승하다.

경기 회복 초기의 높은 환율은 경상수지 감소나 혹은 증가에 기여함으로 환율 하락 요인으로 작용한다. 경기가 바닥 국면을 벗어나는 시점에 외국인세력은 주가 상승과 환차익을 노리고 높은 환율 수준을 이용하여 국내시장의 투자 비중을 늘리는 것이 보통이다.

이 결과 환율은 주가 상승에 기여하고, 달러 공급의 증가는 국내의 통화량을 증가시켜 시장금리를 하락시킨다. 시장의 자금이 빠른 속도로 주식시장에 유입되면서 주가는 환율 하락과 함께 크게 상승하는 것이 일반적인 패턴이다.

경기 흐름이 고점에서 침체 국면으로 전환되면 기업의 매출과 영업이익은 줄어들게 된다. 이 시기에 기업의 내재가치가 하락하면 주가도 하락한다. 외국인 투자자들은 환차손을 방지하기 위하여 현물주식과 선물매도 규모를 늘린다. 그러면 국내의 통화량은 감소하고 유동성 결핍 현상이 나타나기 시작한다. 시장에서의 유동성 결핍은 일반적으로 주가의 하락 국면으로 이어진다. 이 시점이 오면 외환시장 참여자들은 달러를 적극적으로 매수하기 때문에 환율이 급격하게 상승하는 경향이 있고, 시장자금은 외환시장으로 몰려들어 주가는 더욱 하락한다.

경기 고점 시기에 환율의 하락 국면이 막바지에 이르면 수출기업들은 환율 하락에 따른 환차손을 우려하여 선물환을 매도하거나 환율 파생상품을 이용한다.

그러나 환율이 대세 상승 국면으로 진입하면 환차손의 규모는 확대되고 이에 따라 재무구조가 열악해지는 중소기업들은 파산의 위험에 직면할 수도 있다. 환율 상승이 계속되면서 주가는 더 하락하게 된다.

주가와 환율의 상관관계가 텍스트와 다르게 진행되는 것은 텍스트는 환율 이외의 다른 주식시장의 영향은 고정시킨 상태에서 논리를 전개하기 때문이다.

환율이 상승하면 주가, 특히 환율 상승의 수혜기업의 주가가 상승한다고 하지만 실제로는 그 변동의 폭이 매우 크기 때문에 이를 단정지어서 말할 수는 없다.

현실경제에서는 환율 상승 국면이 오면 주식시장에 여러 가지 악재가 연이어 발생한다. 이를 테면 환율이 큰 폭으로 상승하면 물가가 상승하여 가계의 실질소득이 감소하고, 시장금리와 대출금리가 상승하여 시장의 유동성이 감소하는 악재가 연이어 나온다. 이에 따라 환율 상승에 따른 기대이익보다는 악재가 상대적으로 부각되어 경기선행지수 성격을 가진 주가지수는 텍스트 내용과는 다르게 하락하는 것으로 볼 수 있다.

환율이 상승하는 국면에서는 외국인 투자자들의 동향도 주의해서 봐야 한다. 환율이 상승한다는 것은 원화 약세 요인이 크다는 것을 의미함으로 상장기업의 영업 환경이 악화되고 있음을 의미한다. 외국인들은 이때 주식을 매도하는 경향을 보인다. 환율이 상승하면 환차손이 발생하기 때문에 주식 매도를 통해 유출되는 자금이 상대적으로 늘어날 수밖에 없다.

환율 상승의 요인이 상장기업의 영업 환경 악화, 국제 금융시장의 변화에 의한 것이라면 환율 상승의 기대이익은 시차를 두고 나타나고, 악재는 주식시장에 반영되기 때문에 오히려 주가는 하락한다. 환율이 높은 수준에서 하락하는 국면에서는 뒤늦게 주가 상승 효과가 나타나는 것으로 해석할 수 있다.

명품은
걸어 다니지 않는다

장면1. 2017년 우리나라의 해외여행 부분의 서비스수지 적자가 150억 달러에 이르고 있을 정도로 우리나라 국민의 절반이 넘는 2,600만 명이 해외여행을 다녀왔다고 한다.

이렇게 해외여행이 급증한 이유를 언론에서는 누구의 기준으로 말하는 것인지는 모르겠으나 아무튼 경기회복으로 개인의 가처분소득이 늘었고, 저비용 항공사들의 영업공간 확대, 그리고 무엇보다 원/달러 환율의 하락으로 상대적으로 낮아진 해외여행의 가성비가 높아진 것 때문이라고 한다.

장면2. 강남의 신세계백화점, 갤러리아 명품관의 주 고객은 강남에 거주하는 중산층이 아니라 20~30대의 청년계층이 다수를 차지한다고 한다. 왜 그들은 자기 월급의 한 달치에 해당하는 돈을 지불하면서까지 명품 구입에 나서는 것일까.

그들에게 물었다. 그들이 하는 말은 명품은 내구성이 뛰어나고 오래 묵혀둘수록 빈티지로서의 가치가 높아지기 때문에 일반 제품을 구입하는 것과 비교해 오히려 경제적인 행위라고 한다. 과연 그럴까.

업력이 오래된 봉제업자들의 말을 들어 보면 최근에 나오는 국산 원단의 품질은 세계 최고 수준이고, 6개월 이상의 숙련된 재단사에 의해 만들어지는 일반 제품은 명품과 질적인 면에서 거의 차이가 없다고 한다. 혹시 그들은 남의 시선을 의식해서 소득에 비해 많은 지출을 하면서까지 명품 구입에 나서는 것은 아닐까.

앞선 사례를 접한 기성집단에서는 혀를 차며 이렇게 말하지 않겠는가. 그러니까 너희들이 못 사는 것이라고. 쓸 것 다 쓰면서 어떻게 돈을 모으느냐고. 그리고 덧붙이는 말이 우리 때는 너희보다 더 가난했지만 안 쓰고 안 입고 안 먹어 가면서 돈을 모았기 때문에 이만큼이라도 사는 것이라고. 노력도 안 하면서 징징대는 것은 앞뒤가 안 맞는 행동이라고 질책할 것이다. 그들에게 이런 말을 해주고 싶다. 그래서 당신들은 행복했느냐고. 그렇게 돈만 추구하면서 사회 정의에는 눈감고 방관했고, 그 무거운 짐을 후대 세대에게 대물림한 것이 아니냐고.

인간의 욕망과 탐욕은 본질적인 것이다. 동물 중에서 가장 지능이 높고, 노동의 수고를 레버리지할 수 있는 인간은 그들 스스로를 호모 사피엔스라고 명명했지만, 정말 인간이 일상에서 보이는 모습들이 이성적이고 합리적인 존재인가.

명품은 걸어 다니지 않는다. 명품의 주인은 일상생활에서 명품을 함부로 걸치고 다니지 않을 테니까. 따라서 소득이 적은 청년들이 명품을 걸치고 다니는 것은 자신 스스로의 만족보다는 명품을 걸치고 다님으로써 자신을 다르게 바라보는 남의 평가 때문이 아닐까. 혹시 여러분들은 남의 시선을 의식해서 소득 이상의 지출을 하고 있는 것은 아닌가.

필자의 생각은 그렇다. 자신의 소득 이상으로 소비를 해도, 이것을 통해 비용 이상의 행복감을 느낀다면 이것은 과소비가 아니라고 생각한다. 그러나 단지 남의 시선을 의식해서 자신도 행복하지 않은 일에 소비를 한다면 한 번쯤은 소비와 효용의 만족도에 대해 진지하게 생각해 봐야 한다.

최근에 와서 드는 생각은 내일의 행복을 위해 오늘의 행복을 유예한다는 것이 어리석다는 것이다. 시간은 지나면 다시 돌아오지 않는다. 물론 현실과 유리돼서 행복만을 추구하는 것도 바람직해 보이지는 않는 일이지만, 내일의 행복을 위해 오늘을 무조건 인내하며 살 필요는 없다. 늙어서 남는 것은 젊을 때의 추억이라는 말이 있지 않은가. 사회적 지위라는 것도 생물학적으로 늙으면 그 자리에서 내려와야 한다. 오늘의 행복을 포기하면서까지 내일의 행복을 위해 무리한 목표를 세우지 말았으면 한다. 내일이 오늘보다 행복하다는 것을 어떻게 보장받을 수가 있는가.

자신의 행복을 찾아서 시골로 내려가기로 마음먹은 자녀들에게 그들의 부모가 이렇게 말했단다. 너희가 서울을 떠나는 것은 너희 스스로 경쟁에서 도태되었다는 것을 인정하는 것이라고. 필자는 그들의 부모에게 되묻고 싶다. 그래서 당신들의 인생은 행복했는가라고.

수익률의 역설,
싱크Think와 리슨Listen의 차이

1990년대까지 IT 산업을 주도했던 대기업들은 시장에서의 독점적 지위를 이용하여 자신들만의 생각으로 자신들에게 유리한 플랫폼을 만들고, 소비자들에게 자신들이 생산한 제품들을 구매할 것을 강요하였다.

그러나 세상이 변했다. 지수함수적으로 변화하는 세상에서는 소비자의 니즈를 잘 알고, 시장의 수요자들을 상대하는 혁신적인 기업이 등장하면서부터 그들은 시장에서의 독점적 지위를 잃게 되었다.

대량생산과 대량소비로 특정 지어지는 과거의 경제 생태계에서 벗어난 현재의 시장에서는 가격과 품질의 우위요소만으로는 소비자의 마음을 잡을 수가 없다. 가격, 품질 그 이상의 가치가 요구되는 것이다. 눈에는 보이지 않지만 소비자의 마음을 사로잡는 마케팅전략, 이러한 시장의 요구가 학문에까지 스며들어 온 것이 바로 CRMCustomer Relationship Management, 즉 고객관계관리이다. 그 이전에도 고객관리라는 것이 없었던 것이 아니건만, CRM이 왜 고객관리의 핵심전략으로 떠오른 것인가.

　필자는 돈의 여유가 많은 사람은 시장의 변화가 급격하게 진행된다고 해도 파생상품 같은 위험자산에 투자를 하지 않았다면 걱정할 필요가 없다고 생각한다. 핵심가치가 있는 주식, 채권, 부동산은 설사 금융위기가 와서 자산의 가격이 급락한다고 해도 장기적 관점에서 우량자산은 경기 사이클이 바뀌면 매번 전고점을 돌파하고 신고가를 다시 써왔기 때문이다.

　문제는 소액을 가지고 투자하는 사람들이다. 소액으로 금융자산에 투자한다고 해봤자 발생하는 이자는 감질이 나는 수준이다. 시장의 상황을 봐가면서 기다리면 기회가 올 것이나, 우리는 기다리지 못한다. 소액투자자일수록 주식 투자에서 신용융자비율이 높고 이것은 주가 예상이 틀려 주식시장이 급락이라도 하게 되면 언제든지 소위 깡통계좌로 전락할 수가 있다. 소액투자자일수록 위험자산에 공격적으로 투자하고 레버리지 하는 것을 당연하게 여긴다.

　레버리지, 공격적인 투자로 통장잔고가 제로가 되는 것은 순식간이다. 소액투자자일수록 나의 생각대로 하지 말고 시장의 소리에 귀 기울여야 한다.

　필자가 특별하게 아끼는 투자상품은 없다. 필자는 투자상품에는 절대적 가치라는 것이 없다고 생각한다. 굳이 말한다면 상대적 가치만 존재한다고 생각한다. 그렇기 때문에 환율, 금리, 그리고 환율과 금리의 변동으로 발생하는 투자공간에서 상대적으로 높은 수익률을 내는 투자상품에 투자하는 것이다.

환율, 금리는 투자상품을 선택할 때 절대적 영향을 미치는 도구다. 원화가 강세를 유지하자 시장의 투자자들은 달러예금이나 해외주식에 투자하라고 말한다. 그러나 환율이 강세를 이어가는 국면이 지속된다면 결과는 어떨까. 안전장치 없는 투자는 항상 실패의 늪에서 헤어나지 못하게 한다.

새로운 정부의 정책이 나올 때마다 필자는 이런 생각을 한다. 누가 이 정책을 입안했는지. 시장의 수요자가 원치 않는 생각이 남발되고 있는지. 그들은 과연 시장의 소비주체들의 니즈를 제대로 파악이나 하고 이런 정책을 내놓는 것인지. 그냥 위에서 시키니까 마지못해 한 것인지. 정부의 정책이 매번 시장의 소리와 유리되는 것도 정부가 시장의 소리를 정성을 다해 듣지 않고 있기 때문이다.

대출규제정책만 해도 그렇다. 서류 작성은 자신의 상상대로 쓰면 그만이지만 이를 실무적으로 뒷받침해야 하는 은행의 실무자들은 심정이 어떻겠는가. 민간기업인 은행은 정부의 정책을 실행하는 정부기관이 아니다. 이익을 추구하는 사기업이다. 그들의 입장에서는 채무이행에 대한 문제가 없다고 판단하면 대출하는 것이지 정부규제 매뉴얼에 얽매여 일하는 존재들이 아니다.

투자하는 입장에서는 정부의 정책이 두려워서 투자를 못하는 것이 아니다. 투자라는 것은 위험을 감수하고서라도 그 이상의 수익이 담보되면 하는 것이다.

내수경기의 활성화 측면에서도 경제 상황이 악화되어 개인의 소비와 지출이 줄게 되면 가뜩이나 어려운 내수경기에서 자영업자들의 도산이 이어질 것이다. 시장을 자신의 잣대로 싱크Think하지 말고 시장의 소리에 좀 더 다가가는 리슨Listen 전략이 경제 주체 누구나에게 요구되는 시점이다.

J 노믹스,
따듯한 자본주의를 꿈꾼다

근대 경제학의 창시자인 아담 스미스는 경제학자이기 전에 글래스고우 대학에서 윤리 철학을 가르치던 선생이었다. 그는 당시 유행했던 계몽주의의 영향을 받아 인간은 이성적이며, 합리적인 의사결정을 하기 때문에 시장을 왕권의 지배로부터 시민이 주체가 되는 시장에 돌려주면 인간은 이성적이고 합리적인 조화를 이루면서 시장을 발전시킬 것이라고 믿었다. 이것이 자유주의경제학의 시작으로, 자유방임주의경제학이 주류경제학의 본색으로 자리 잡게 된 계기가 된 것이다.

그러나 인간이 지배하는 시장이 그의 말대로 구현됐는가. 자유방임의 결과 불평등은 심해졌다. 독점자본가의 출현으로 경쟁에서 밀려난 사회적 약자들을 위한 좌파의 경제학이 등장하게 된 것이다.

의회주의의 역사가 처음 시작된 곳이 영국이다. 영국의 초기 정당인 휘그당과 토리당이 오늘날에 와서는 기득권세력의 이익을 대변하는 보수당과 사회적 약자의 이익을 대변하는 노동당으로 발전한 것이다.

인간은 자신이 서 있는 물적 토대 위에서 자신의 이익을 추구하는 존재다. 그렇기에 인간의 정치적 행위라는 것은 자신이 속한 계급의 이익을 대변하는 정당을 지지하는 것이다. 이것은 나쁘다 좋다의 의미가 아니다. 이렇게 자본주의 역사는 좌와 우의 날개로 진화해 온 것이다.

그런데 이 경계가 점점 무너지고 있다. 다음 사례를 보자.

장면1. 독일은 현재 앙겔라 메르켈을 수상으로 하는 보수우파 기독민주당이 집권하고 있다. 그러나 현재 독일은 니더작센주와 뮌헨주를 제외하고는 대학 학비가 무상이다. 대학등록금을 폐지하는 정책은 선거 때마다 진보진영에서 들고 나오는 선거구호 아니던가.

장면2. 프랑스 시민들에게 가장 보수화된 정권이라고 불리던 전 사르코지 정부 하에서 프랑스 미혼모의 육아 복지 예산이 오히려 크게 늘어나, 유럽의 출산빈국이던 프랑스가 오늘날에 와서는 출산대국이 되었다. 국민 전체를 대상으로 하는 보편적 복지정책은 전형적인 좌파의 정책이다.

장면3. 세계 최고의 복지국가로 칭송받고 있는 스웨텐에는 H&M이라는 패스트 패션을 전문으로 하는 기업이 있다. 이 회사는 빠른 생산과 저임금을 노리고 방글라데시에 진출해 가건물의 열악한 조건에서 노동자를 일하게 하던 중, 화재가 발생해 공장에서 일하는 노동자들이 대거 사망하면서 세계의 비난을 받았었다.

이 사건이 더 크게 문제화되었던 이유는 개인의 인권과 복지에 최우선의 가치를 두고 있다는 나라가 제 3세계의 노동자들에게는 그들이 그토록 숭고하게 여기는 최소한의 인권도 안 지켜지는 인권의 사각지대에서 일을 시켰기 때문이다. 이것은 신자유주의의 가치를 무기화하는 다국적 기업의 행태와 다르지 않다. 제아무리 복지국가라고 해도 신자유주주의를 벗어날 수 없다는 것은 세계의 모든 국가가 마찬가지다. 애플의 스마트폰도 대만의 홍하이 그룹의 중국공장인 폭스콘의 열악한 조건의 노동 환경에서 일하는 중국 노동자들에 의해서 생산된다. 다국적 기업들이 제 3세계의 노동자들에게 가혹한 노동을 강요하는 것에 대하여 세계인의 양심이 분노하고 있다.

신자유주의 경제 시스템의 치열한 경쟁에서 낙오된 사회적 약자를 돕는 일은 좌, 우의 경계를 넘어 국가 통합의 가치가 되는 시대다.

유럽의 도시들은 대부분이 도시 중심에 웅장한 교회가 있고, 이를 중심으로 해서 도시의 형태가 발전해왔다. 유럽을 가본 적이 있는 사람이라면 다들 알고 있는 사실로, 지금 유럽의 교회들은 교회 내에 상점들이 들어서 있고 정작 교인은 없다. 그 이유를 곰곰이 생각해 보면 유럽인들은 중세의 종교전쟁으로 인한 트라우마를 겪어 오면서, 결국 인간을 구원하는 것은 신이 아니라 인간의 얼굴을 한 제도라고 믿게 되었기 때문이다. 현 정부의 정책도 큰 틀에서는 인간의 얼굴을 한 자본주의를 향해가고 있다.

경제 성장의 성과가 일부 계층에만 집중되고 사회적 약자의 삶은 더 궁핍해지는 자본주의는 국민이 원하는 자본주의가 아니다. 문재인 정부에 들어와서 행해진 일련의 경제정책인 기초연금수당 인상, 최저 임금의 현실화, 비정규직 확산을 근본적으로 막는 비정규직의 정규 직화, 서민들의 주거안정대책들은 문재인 정부의 경제정책을 말하는 J노믹스의 일관된 정책 방향이다. 정부가 환율 하락을 방치하는 것도 전 정부들의 대기업 중심의 정책이 부의 양극화만 초래했다는 반면교 사에서 시작된 것이다.

정부의 정책이 시장의 기능을 통제하는 것도 문제가 있지만 정부 의 정책이 일부 기득권 계층만을 위한 것은 더 큰 문제를 야기시킨 다. 이러한 점을 이해한다면 앞으로 펼쳐질 정부의 정책을 예상해 볼 수 있다.